Christel Plate-Stede

Herzen mit Ohren

Ein Praxisbuch für
Jungschar und Kindergottesdienst

R. BROCKHAUS VERLAG WUPPERTAL

ABCteam-Bücher erscheinen in folgenden Verlagen:

Aussaat Verlag Neukirchen-Vluyn
R. Brockhaus Verlag Wuppertal
Brunnen Verlag Gießen und Basel
Christliches Verlagshaus Stuttgart
Oncken Verlag Wuppertal und Kassel

Umschlag: Dietmar Reichert, Dormagen
Gesamtherstellung: Breklumer Druckerei Manfred Siegel KG
ISBN 3-417-11148-X
Bestell-Nr. 111 148

INHALT

Man hört nur mit dem Herzen gut

Beinah ist es wie ein Wunder: Eben noch sprangen sie wild über Tische und Bänke, aber kaum hat Hanna angefangen, aus ihrem Leben zu erzählen, da sitzen die Jungen und Mädchen mit weit geöffneten Augen und Mündern vor mir. Ihre Herzen haben Ohren bekommen!

Solche Momente haben mich in meiner fast zehnjährigen Arbeit als Bundessekretärin im CVJM-Westbund immer wieder tief berührt. Es waren Augenblicke, in denen ich spürte: Jetzt sind sie ganz nah dran, jetzt hören ihre Herzen zu.

Diese Augenblicke haben mich auch ermuntert, neue Ideen auszuprobieren, um Herzen und Ohren für die gute Nachricht zu öffnen, dass Gott uns echtes Leben schenken möchte.

Davon handelt dieses Buch mit seinen Mutmach- und Mitmachgeschichten, die ich für Freizeiten und Kinderbibeltage, Familiengottesdienste und Gruppenstunden - in erster Linie für 8- bis 12-jährige Kinder - entworfen, ausprobiert und weiterentwickelt habe.

Das Herz spielt in der Bibel eine wichtige Rolle. Gott möchte den Menschen nicht am Rande ihres Seins, an der Oberfläche begegnen, sondern im Zentrum ihres Lebens: im Herzen. So wurde z.B. Lydia zur ersten Christin in Europa, als Gott »ihr Herz auftat« (Apg. 16,14). Ohne Rücksicht auf den Ruf ihrer exklusiven Modeboutique ließ sie sich und ihre Hausgenossen taufen. Sie öffnete ihre Türen auch für Menschen, die wie Paulus aus dem Gefängnis kamen und bei ihr Zuflucht suchten (Apg. 16,40).

Wenn Gott Menschenherzen erreicht, verändert sich etwas im Leben. Davon erzählen viele biblische Geschichten und das ist auch meine Lebenserfahrung. Wo Menschen mit dem Herzen hören, wird das Leben zwar nicht unbedingt leicht, aber immer tief und reich.

Allerdings ist ein solches Hören nicht machbar. Gott selbst schenkt dem Herzen Ohren. Trotzdem können wir inmitten unserer reiz- und lärmüberfluteten Welt Wegbereiter zu gutem Hören sein.

In diesem Bestreben bin ich oft ungewöhnliche Wege gegangen: zusammen mit der Handpuppe Heidi Horchlöffel und dem Bären Waldemar Honigmaul, mit lebendig gewordenen biblischen Gestalten wie Hanna, Amos, Petrus, Mirjam oder Johanna, mit Hilfsmitteln wie Farbe, Licht, Orff'schen Instrumenten und besonderen Speisen. Viele ehrenamtliche Mitarbeiterinnen und Mitarbeiter haben dabei geholfen und meine Arbeit mit ihren Ideen bereichert. Dieses Buch soll auch ein Dankeschön an sie sein!

Im Zusammenleben mit Mitarbeiterinnen und Mitarbeitern während mehrtägiger Kinderaktionen habe ich immer wieder erfahren, wie wichtig es für uns ist, Mut und Stärkung für unsere Arbeit und für unseren persönlichen Lebensweg zugesprochen zu bekommen. Deshalb habe ich vier methodisch ganz unterschiedliche Mutmachgeschichten für Mitarbeiterinnen und Mitarbeiter in dieses Arbeitsbuch aufgenommen, damit auch die Herzen der Großen »Ohren« und einen neuen Zugang zur Bibel bekommen.

Schließlich noch drei praktische Hinweise:

1. Viele Entwürfe sind im Rahmen meiner Arbeit mit Mädchen entstanden – sie sind aber genauso für Jungen geeignet. So sehe ich beispielsweise eine besondere Chance darin, mit Jungen über die Tränen der Hanna und damit auch über das eigene Weinen nachzudenken. Ob für Jungen oder Mädchen – immer gilt, dass die Ideen und Texte, Lieder und Bastelanregungen auf die eigene Gruppe zugeschnitten werden müssen.

2. Die Liedangaben in den Entwürfen beziehen sich, sofern nicht anders angegeben, auf das Buch *Jungscharlieder* (JSL), das der CVJM Gesamtverband herausgegeben hat.

3. Die Entwürfe dieses Buches sind im »Du«, zusammen mit Ehrenamtlichen und Kindern, entstanden – diese Form der Anrede habe ich deshalb beibehalten. Und dort, wo das »Du« nicht passte, wollte ich euch vor Wortungetümen wie »der Mitarbeiter/die Mitarbeiterin« verschonen. Ich habe deshalb nach Kapiteln abwechselnd mal die männliche, mal die weibliche Form der Anrede gewählt – für manch einen vielleicht eine ganz heilsame Erfahrung, zwar gemeint, aber nicht direkt angesprochen zu sein.

1. Maria
oder: Wie die Weihnachtsgeschichte Herzen erklingen lässt

Entwurf für einen Familiengottesdienst oder Jungschar-Elternabend mit Weihnachtsfeier

Alle Jahre wieder?

Alle Jahre wieder steht Weihnachten vor der Tür, meist schneller, als uns lieb ist. Mit den ersten Spekulatius in den Regalen der Supermärkte geht nicht nur die Sucherei nach Geschenken los, sondern auch das Suchen nach Gestaltungsmöglichkeiten der Weihnachtsgeschichte. Die Gefahr, dass Kinder und Erwachsene sich bei den jährlich wiederkehrenden Texten langweilen oder dass durch den Weihnachtsrummel keine Besinnung möglich wird, ist groß. Es ist schwer, dieser Oberflächlichkeit im Konsum- und Freizeitrausch unserer Gesellschaft beizukommen.

Und doch strahlt das Licht von Weihnachten allen Dunkelheiten und Verblendungen zum Trotz. Jesus, das Licht dieser Welt, will die Oberflächlichkeit unseres Lebens durchbrechen und unser Herz erwärmen, so dass unser Leben zum Klingen kommt und wir es bewusst erfahren.

Der vorliegende Entwurf soll helfen, das eigene Herz durch die Weihnachtsbotschaft ganz neu zum Klingen zu bringen – im wahrsten Sinne des Wortes – und diese Botschaft für andere hörbar zu machen. Geräusche, Klanginstrumente unterschiedlichster Art wie z.B. Glockenspiel, Triangel, Klanghölzer oder auch ein platzender Luftballon, das Einschlagen eines Nagels in Holz etc. unterstreichen den Text. In unserer verkopften Gesellschaft kann diese Art des Ausdrucks besonders für die hilfreich sein, die sich mit Worten schwer tun. Kinder finden sehr schnell Zugang dazu. Dunkle Töne können schwierige Situationen, Traurigkeit oder Angst darstellen, helle Klänge dagegen ertönen in fröhlichen, hoffnungsvollen Situationen.

Doch auch den Wortgewandten kann sich ein neuer Zugang zum Text eröffnen, denn die Verklanglichung hilft, sich auf einem ganz anderen Weg in den Text zu vertiefen. Beim Zuhörer (und Zuschauer, denn manchmal gibt es auch etwas zu sehen, wie z.B. bei der Wunderkerze) steigern die Klangeffekte die Aufmerksamkeit. Meiner Erfahrung nach macht es sehr viel Freude, den Text zusammen mit den Kindern und unter Einbeziehung ihrer Klangideen zu erarbeiten (siehe S. 17).

Die Weihnachtsgeschichte wird aus Marias Sicht nach dem Lukasevangelium erzählt. Für Mitarbeiter kann es eine gute Vorbereitung sein, zur Einstimmung über den »Brief an Maria« (siehe S. 112) nachzudenken.

Es begab sich aber . . .

Ein Weihnachtsspiel zu Lukas 2,1-20

Mein Vorschlag für die klingende Weihnachtsgeschichte ist in folgende Teile gegliedert:

- Erzählung 1: »Zu jener Zeit«
- Spiellied: »Herbergssuche«
- Erzählung 2: »Abgeschoben«
- Gemeinsames Lied: »Engel haben Himmelslieder«
- Erzählung 3: ». . . und bewegte die Worte in ihrem Herzen«

Erzählung 1: »Zu jener Zeit«

Es begab sich aber zu jener Zeit, dass ein Gebot von Kaiser Augustus ausging, dass alle Welt geschätzt würde *(Geld oder Bausteine in eine Kiste werfen).*

Zu jener Zeit lebte Kaiser Augustus *(Tamburin)* in Rom, weit weg vom Land Israel. Aber weil er der mächtigste Mann der Erde war *(Tamburin)*, mussten ihm die Menschen in allen Ländern seines Reiches gehorchen *(Trillerpfeife)*, in jeder Stadt und in jedem Dorf. Damit das in Israel funktionierte, gab es Soldaten und den König Herodes. Sie überwachten alles.

Schon oft war das Volk Israel von mächtigen Völkern überrannt worden, schon oft hatten sie die stampfenden Tritte fremder Pferde und Soldaten gehört *(stampfen).* Jetzt waren die Römer da. Jerusalem sollte eine moderne Weltstadt werden. Deshalb baute Herodes riesige Paläste und schöne Häuser, mit Gold und Marmor geschmückt. Er hatte viel Geld *(Geldgeklimper).* Aber eigentlich war es gar nicht *sein* Geld *(Geldgeklimper).* Er kassierte es durch hohe Steuern und Zölle von den Menschen in Israel ein. Manche Familien mussten so viel Geld an Herodes abgeben, dass sie kaum noch etwas zu essen kaufen konnten. Herodes war grausam und gemein. Wer ihm im Wege war, den brachte er einfach um *(aufgeblasenen Luftballon mit einer Nadel zum Platzen bringen).*

»Wenn doch bald der richtige König von Israel kommen würde und Frieden in die Welt brächte«, dachten die Menschen. »Wir warten schon so lange auf ihn. Ob Gott uns vergessen hat?« Viele Menschen machten sich Gedanken darüber, wann denn nun der Messias käme. Einige sagten: »Wir müssen die Römer mit Waffengewalt beseitigen, dann kommt er!« – und sie ermordeten römische Soldaten *(Luftballon).*

Andere sagten: »Wir müssen alle Gebote und Zusatzgebote halten, zusammen mehr als 600. Dann kommt der Messias.« Wieder andere dachten überhaupt nicht an Gott oder den Messias.

Zu jener Zeit, in der sich die Menschen nach Frieden und Gerechtigkeit sehnten, in der es arme *(Glockenspiel, dunkler Ton)* und reiche *(Glockenspiel, heller Ton)*, traurige *(dunkler Ton)* und fröhliche *(heller Ton)*, wütende *(dunkler Ton)* und friedliche *(heller Ton)* Menschen gab, zu jener Zeit lebten Maria und Josef in Nazareth.

Josef stammte aus der Familie Davids. Aber er war kein König, sondern ein einfacher Zimmermann *(Nagel mit einem Hammer in ein Holzstück schlagen).*

Maria erwartete ein Kind *(Glockenspiel, helle Töne).* Sie dachte oft daran, was der Engel, der Bote Gottes, zu ihr gesagt hatte *(leise musikalische Untermalung, z.B. Gitarre, Querflöte, Klavier . . .):*

»Fürchte dich nicht, Maria! Denn Gott hat dich gesegnet. Du wirst einen Sohn bekommen, den sollst du Jesus nennen. Er kommt von Gott und wird einmal König werden, ein König wie David. Aber sein Königreich wird niemals aufhören.«

Ganz unerwartet war Gott in das Leben Marias gekommen – und sie hatte ihm Raum gegeben.

Damals hatte sie ein Loblied für Gott gesungen:

»Meine Seele erhebt den Herrn und mein Geist freut sich über Gott, meinen Retter. Denn er hat Großes an mir getan.
Er stößt die Mächtigen vom Thron und erhebt die Niedrigen.
Er denkt an sein Versprechen und hilft seinem Volk auf.«

Vielleicht fragte Maria sich manchmal: »Wo wird das Kind geboren werden? In unserem Haus in Nazareth? Oder gar in Jerusalem, im Königspalast?«

Maria wusste es nicht.

Zu jener Zeit traf die Nachricht vom Kaiser aus Rom ein:

»So befiehlt Kaiser Augustus *(Trillerpfeife):*
Macht euch auf! Lasst euch zählen und mit Namen eintragen, jeder in der Stadt seines Vaters.«

Da half nichts. Der Kaiser hatte es befohlen. Alle mussten gehorchen, ob sie wollten oder nicht. Die einen mussten vom Norden in den Süden *(über das Glockenspiel von den tiefen zu den hohen Tönen ziehen),* die anderen vom Süden in den Norden *(von den hohen zu den tiefen Tönen).*

Auch Josef machte sich auf *(Schritte)*, zusammen mit Maria *(Schritte)* und dem Esel *(zwei Kokosnusshälften gegeneinander schlagen).* Sie mussten nach Bethlehem ziehen, in die Stadt, aus der einst König David gekommen war. Es war eine lange und mühsame Reise. Und Maria erwartete doch ein Baby *(Glockenspiel, helle Töne).*

Die Straßen waren voller Menschen *(leise alle Klanggeräte einsetzen)*. In Bethlehem ging alles drunter und drüber. Wo sollten sie nur eine Unterkunft finden *(Steigerung)*? Die ganze Stadt war überfüllt *(Stopp - Stille).*

Gab es für sie denn keinen Platz mehr? Maria spürte: Bald würde ihr Kind zur Welt kommen. Gab es auch für dieses Kind keinen Platz?

Spiellied: »Herbergssuche«[1]

Für das Spielen benötigt man acht Kinder: Maria und Josef, zwei Wirte und zweimal zwei, die einander gegenüberstehen und mit über dem Kopf ausgestreckten Armen eine Herberge darstellen. Davor steht dann jeweils ein Wirt (siehe Skizze S. 14).

Herbergssuche

(Kleines Musikspiel)

Text: Rolf Krenzer
Musik: Peter Janssens
aus: Kommt alle und seid froh, 1982

Maria und Josef gehen von einem Gasthaus zum anderen. Sie bitten um Aufnahme. Sie werden immer wieder weitergeschickt. Zum Schluß zeigt ihnen ein Gastwirt den Stall.

Erzählung 2: »Abgeschoben«

Sie fragten und suchten. Aber am Ende fanden sie nur einen leeren Stall. Dort brachte Maria ihr Kind zur Welt. Sie wickelte es in Windeln und legte es in eine Futterkrippe. In einem dunklen Stall wurde ein Junge geboren, ohne Arzt, ohne Hebamme, ohne Glanz und Gloria. Das hatte sich Maria bestimmt ganz anders vorgestellt.

Und dieses Kind sollte der Sohn Gottes sein *(Triangel),* der König der Welt *(Triangel),* der Retter *(Triangel)*? Ließ sich denn ein König in so einem erbärmlichen Stall nieder? Das war alles andere als ein festlicher Empfang. Abgeschoben in den letzten Winkel der Stadt, als ob ihn keiner haben wollte.

Maria hat sicher oft an die Worte des Engels gedacht. Dass sie ihr Kind in einem Stall zur Welt bringen würde, hatte er nicht gesagt.

Plötzlich hörte sie Stimmen *(Stimmen)* und Schritte *(Schritte),* draußen vor der Tür. Wer kam denn nun, mitten in der Nacht? Ihr Herz klopfte schneller *(Klanghölzer).* Hoffentlich waren es keine Soldaten.

Die Tür ging auf. Im schwachen Lichtschein *(Kerze anzünden)* konnte Maria einige Männer erkennen. Es waren Hirten, die vom Feld kamen. Sie waren ganz außer Atem, als ob sie direkt zum Stall gerannt wären. Sie schauten sich suchend um, und ihre Augen leuchteten, als sie Maria, Josef und das Kind in der Krippe sahen *(Wunderkerze anzünden).* »Da liegt das Kind!«, riefen sie voller Freude. »In Windeln gewickelt und in einer Krippe. Genau so, wie es uns der Engel gesagt hat.«

Sie erzählten Maria und Josef, was passiert war:

»Wir waren draußen vor der Stadt und hüteten die Schafe. Das Dunkel der Nacht kannten wir. Aber es war auch in unseren Herzen dunkel *(Glockenspiel, dunkler Ton)* und manchmal hatten wir richtig finstere Gesichter *(Glockenspiel, dunkler Ton)*, weil wir so arm sind und keiner etwas mit uns zu tun haben will.

Plötzlich erschraken wir *(Trommelschlag)*. Was war das? Mitten in der Nacht wurde es auf einmal taghell! Ein Licht leuchtete auf, viel heller als die Sonne. Wir mussten die Hände vor die Augen halten, so geblendet waren wir. Wir fürchteten uns und zitterten vor Angst. Wir sahen einen Engel, einen Boten Gottes, der sagte *(leise Gitarrenbegleitung):*

›Fürchtet euch nicht! Siehe, ich verkündige euch große Freude, die allem Volk widerfahren wird; denn euch ist heute der Heiland geboren, welcher ist Christus, der Herr, in der Stadt Davids. Und daran könnt ihr ihn erkennen: Ihr werdet ein Kind finden, in Windeln gewickelt und in einer Krippe liegen.‹

Dann sahen wir noch viel mehr Engel, die sangen und jubelten: ›Ehre sei Gott in der Höhe und Frieden auf Erden bei den Menschen seines Wohlgefallens!‹«

Gemeinsames Lied: »Engel haben Himmelslieder« (JSL 60, Strophen 1-3)

Erzählung 3: ». . . und bewegte die Worte in ihrem Herzen«

Dann erzählten die Hirten weiter:

»Wir standen da und lauschten. Es wurde wieder dunkel um uns. Sollte das wirklich wahr sein? Sollte Christus, der Retter, der Messias geboren sein? Und die Boten Gottes haben es *uns* erzählt - uns, mit denen sonst keiner was zu tun haben will? Uns, die wir oft so finstere Gedanken haben *(Glockenspiel, dunkler Ton).*

›Habt ihr nicht gehört, was der Engel gesagt hat?‹, rief einer durch die Nacht. ›Der Retter *(Triangel)* ist geboren, hier in Bethlehem! In dieser Nacht! Kommt schnell, wir gehen und suchen das Kind!‹«

Ganz still saß Maria da und hörte zu. Die sonst so finsteren Gesichter der Hirten waren überhaupt nicht finster. Sie strahlten

(Wunderkerze). Und als sich die Männer wieder auf den Weg in die Nacht machten, hörte sie diese Menschen tatsächlich singen: Loblieder für Gott, fröhliche Lieder, weil so etwas Wunderbares geschehen war.

»Sie werden wahrscheinlich die ganze Nacht singen«, dachte Maria.

Die Worte der Hirten aber waren ihr ganz wichtig. Sie bewegte sie in ihrem Herzen. Das, was sie schon lange gewusst hatte, hatte Gott ihr durch die Hirten noch einmal gesagt: »Fürchte dich nicht, Christus, der Retter, ist geboren, der, auf den so viele Menschen warten. Der Heiland, der traurigen Menschen ganz nah sein will, der trösten und verletzte Herzen heil machen, der finstere Gedanken in Freude verwandeln will. Dieses Wunder ist geschehen. Ehre sei Gott in der Höhe und Friede auf Erden bei den Menschen seines Wohlgefallens.«

Praktische Tipps

- Die in den Klammern erwähnten Klänge sind lediglich ein Vorschlag, wie die Erzählung verklanglicht werden kann. Für die Erarbeitung mit den Kindern empfiehlt es sich, diese Vorschläge wegzulassen und mit den Kindern neu zu überlegen, wie einzelne Textstellen klanglich untermalt werden können. Die vorgeschlagenen Instrumente haben sich gut bewährt. Ich habe aber auch immer wieder über neue Ideen der Kinder gestaunt und darüber, wie gut sie sich in die Situation der Maria hineindenken können.
- Das Spiellied kann sehr gut mit jüngeren Kindern (z.B. aus der Mini-Jungschar oder dem Kindergottesdienst) eingeübt werden, unterstützt von kräftigen Singstimmen älterer Kinder, die auch die Herberge darstellen. Es empfiehlt sich, das Lied zum Einstudieren auf Folie zu schreiben und mit dem Overhead-Projektor zu arbeiten. Das schafft freie Hände.

- Die Rolle des Erzählers sollte ein Erwachsener übernehmen. Es ist wichtig, beim Vortragen der Geschichte die Klänge zu berücksichtigen und z.B. beim Einsatz aller Klanginstrumente (»... In Bethlehem ging alles drunter und drüber ...«) entsprechend laut zu reden.
  Zwar werden die Kinder beim Vortragen in der Regel keinen Text mehr brauchen, trotzdem muss der Erzähler die Kinder im Blick haben, um ihnen gegebenenfalls helfen zu können.
- Am besten ist es, wenn die Kinder im Halbkreis auf dem Boden sitzen (besser noch auf einer kleinen Bühne) und die Instrumente vor sich liegen haben.
- Bei der Wunderkerze sollte man an eine funkensichere Unterlage denken, die Brandlöcher im Teppich und somit Ärger mit dem Küster verhindert!

Material

Orff'sche Instrumente (meist im Kindergarten auszuleihen) und andere »Klanggeräte«:

- Triangel
- Glockenspiel
- Klanghölzer
- Rassel
- Luftballons und Nadeln
- Trillerpfeife
- Geldstücke
- 2 Kokosnussschalenhälften
- Wunderkerzen mit Brandschutz
- normale Kerze mit Ständer
- Streichhölzer
- dickes Holzstück
- Hammer und Nägel
- Gitarre oder Klavier
- Trommel
- ...

Die Klanggeschichte eignet sich auch sehr gut für eine Aufführung, z.B. in einem Seniorenheim.

Programmvorschlag für einen Familiengottesdienst oder Jungschar-Elternabend mit Weihnachtsfeier

1. Begrüßung
2. Gemeinsames Lied: Stern über Bethlehem, JSL 61,1-4
3. Eingangswort, Wochenspruch, Gebet
4. Gemeinsames Lied: Mache dich auf und werde Licht, JSL 58 (Kanon)
5. Blockflötenvortrag der Kinder
6. Lesung: Psalm 8 (siehe S. 20)
7. Gemeinsames Lied: Wisst ihr noch, wie es geschehen, JSL 64
8. Vortrag der Klangerzählung nach Lukas 2,1-20
9. Flötenstück: Kommet ihr Hirten, ihr Männer und Fraun
10. Gemeinsames Lied: Mit den Hirten will ich gehen, JSL 66
11. Fürbittengebet
12. Segen

Psalm 8: Wie schön, dass du da bist

Übertragung von Heidi und Jörg Zink[2]

1. Vater im Himmel, großer Gott,
   es ist schön, dass du da bist.

2. Ich sehe die Wolken und die Sonne.
   Ich sehe den Mond und die Sterne,
   ich sehe den großen Himmel über mir.
   Das hast du alles gemacht.

3. Aber es ist wunderbar,
   dass du auch an uns denkst.
   Wir sind so klein gegen deine Bäume
   und so winzig gegen deine Berge.

4. Und es ist wunderbar,
   dass du nicht nur die großen Leute siehst,
   die berühmten,
   die, von denen alle reden.
   Sondern auch mich.

5. Ich bin klein gegen die großen Leute.
   Aber du hast mich in deiner Hand.
   Du willst mich groß machen und stark,
   so dass ich vieles allein tun kann.

6. Nur du bist dann immer noch
   größer als ich.
   Du weißt, was ich nicht weiß.
   Du kannst, was ich nicht kann.
   Dir gehöre ich,
   auch wenn ich groß bin.

7. Vater im Himmel, großer Gott,
   es ist schön, dass du so groß bist.

Diesen Psalm können bis zu sieben Kinder vortragen.

2. Hanna
oder: Wie ein trauriges Herz wieder froh wird

Zwei Stundenentwürfe für Jungschargruppen, Kinderbibeltage oder eine Wochenendfreizeit

Tränen schaffen Luft

Hannas Geschichte ist eine von vielen Geschichten der Bibel, die »das Leben schrieb«. Kinderlosigkeit bedeutete in der damaligen Gesellschaft nicht nur, dass sich ein Lebenswunsch nicht erfüllte. Sie war eine existentielle Bedrohung, denn eine Frau, die keine Kinder bekommen konnte, galt als ein Nichts. Wenngleich sich die gesellschaftlichen Verhältnisse in dieser Hinsicht zumindest in Westeuropa verändert haben, können auch heute ungewollte Kinderlosigkeit oder andere unerfüllte Lebensvorstellungen für viele Menschen zur existentiellen Krise werden.

Wie mag es Hanna wohl ergangen sein, als sie Jahr für Jahr beim Opfergang in Silo oder auch in anderen Situationen mit ihrem unerfüllten Lebenswunsch konfrontiert wurde? Was fühlte sie bei den Kränkungen durch Pennina oder bei den tröstenden Worten ihres Mannes Elkana, die ihr Herz nicht erreichten?

Kennst du das auch, dass deine Ohren und dein Herz vor Traurigkeit verschlossen sind? Vielleicht kann Hannas Geschichte dich in der Vorbereitung einladen, über dein Leben zu reflektieren? Was sind deine unerfüllten Lebenswünsche und wie gehst du damit um? Wie reagierst du, wenn du traurig bist – frisst du alles in dich hinein, so dass sich dein Körper mit Magenschmerzen oder Schlafstörungen meldet, oder hast du eine Möglichkeit gefunden, dein Herz auszuschütten, deine Gefühle auszudrücken, z.B. mit Tränen?

Und kannst du Gott deine »dunklen« Seiten hinhalten?

Obwohl das Problem der Kinderlosigkeit nicht Thema der Kinder ist, stecken in dieser Geschichte Erfahrungen des Lebens, die Kindern vertraut sind: Traurigkeit, Kränkung, durchkreuzte Pläne, Krankheit, Streit, Benachteiligung . . . Da ist alles ganz anders geworden, als man es sich gewünscht hat:

- ein Krankenhausaufenthalt zerstört die Ferienpläne;
- die Eltern streiten sich immer heftiger und wollen sich trennen;
- die Klassenkameraden machen sich über das altmodische Fahrrad lustig;
- es ist so schwer, einen Freund/eine Freundin zu finden;
- die beste Freundin hat ein Geheimnis verraten;
- . . .

Sehr oft können Kinder nicht in Worte fassen, was ihnen widerfährt, aber auch das Weinen ist ihnen versagt. »Ein Junge weint doch nicht«, hört man immer noch sehr häufig von Erwachsenen. Dabei sind Tränen an sich nichts Schlimmes. Sie verschaffen der Seele Luft. Schlimm ist das, was die Tränen oder eine tiefe Traurigkeit verursacht. Es ist nicht immer leicht, den eigenen Gefühlen auf den Grund zu gehen und sie zu benennen; viele Erwachsene haben das nie gelernt. Umso wichtiger ist es, Kindern in dieser Richtung Hilfestellungen zu geben.

Die Geschichte von Hanna bietet sich dafür in zweierlei Hinsicht an:

1. Hanna leidet an ihrer Traurigkeit bis ins Körperliche hinein, aber sie schafft es, ihrer Seele Luft zu machen - sie weint mit Leib und Seele (der Priester Eli denkt, sie sei betrunken, vielleicht war ihr Weinen mit einem körperlichen Schwanken verbunden).

2. Hanna schüttet Gott ihr Herz aus. Sie formuliert, was sie so traurig macht, und richtet sich an den, der ihre Hoffnung ist, der ihre Tränen in einem Krug sammelt, der sie ernst nimmt, bei dem sie sich aufgehoben fühlt. Und ihr Herz wird wieder froh!

Hannas Tränen und die Bedeutung von Tränen für die Kinder sind Thema der ersten Geschichte. Dabei soll mit Hilfe von Farben deutlich werden, dass Tränen nichts Schlimmes sind, deshalb werden sie aus buntem Tonpapier ausgeschnitten. Aber sie haben eine dunkle Ursache. Ein schwarzer Rand, der die Tränen umgibt, weist darauf hin.

In der zweiten Geschichte geht es um einen Rückblick. Hanna erzählt, was die Verheißung Gottes in ihrem Leben bewirkt hat (der Kinderwunsch hat sich ja nicht von heute auf morgen erfüllt): warten können, dankbar sein und Hoffnung haben. Die langsame Entfaltung der »Verheißungsblume« (siehe S. 34) ist ein schönes Bild dafür, dass man nicht immer alles auf der Stelle bekommen kann und sich nicht alles sofort erfüllt.

Die Schachtel mit den bunten und schwarzen Seiten (siehe S. 30) soll deutlich machen, dass das Dunkle, Traurige im Leben nicht einfach wegzureißen ist (es ist auch nicht einfach wegzubeten), aber ich kann es Gott hinhalten und dadurch lernen, es anzunehmen.

1) »Sammle meine Tränen in deinen Krug«

Erzählung zu 1. Samuel 1,1-18

Sie saß einfach nur da und weinte. Ab und zu bewegten sich ihre Lippen, als würde sie etwas sagen. Aber es waren keine Worte zu hören.

Warum?

Warum musste sie auch in diesem Jahr wieder allein zum Tempel nach Jerusalem gehen?

Warum?

Warum hatte Gott ihr keine Kinder geschenkt?

Tränen liefen über ihr Gesicht. Der ganze Schmerz der letzten Jahre brach aus ihr heraus.

Wie oft war Hanna mit ihrer Familie den Berg nach Jerusalem hinaufgezogen, wie oft hatte sie sich allein gefühlt, obwohl ihr Mann, Elkana, an ihrer Seite ging und eine Schar fröhlicher Kinder um sie herumsprang!

Aber es waren nicht ihre Kinder, sondern die Kinder von Pennina, Elkanas zweiter Frau.

Im alten Israel war es normal, dass ein Mann mehrere Frauen zu versorgen hatte. Aber es war nicht normal, wenn eine Frau keine Kinder bekommen konnte. Das war schlimm. Oft wurden die Frauen deshalb schief angesehen. Aber Elkana tat das nicht. Er hatte Hanna sehr lieb und versuchte, sie zu trösten.

»Ach, Hanna«, sagte er, »ich bin doch bei dir. Ich habe dich sehr lieb, auch wenn du keine Kinder bekommen kannst. Du bist doch nicht allein.«

Aber Hanna konnte seine Worte gar nicht richtig hören. »Elkana kann mich nicht verstehen«, dachte sie. »Ob meine Traurigkeit überhaupt jemand verstehen kann? Ob Gott mich verstehen kann, dass ich deswegen so traurig bin?«

Aber jetzt war sie im Tempel, an dem Ort, wo Gott wohnte, und plötzlich zählten diese Fragen nicht mehr. Sie schüttete Gott ihr Herz aus und sagte ihm alles, was sie bedrückte – auch die Sache mit Pennina. Pennina war oft gemein zu Hanna. Sie prahlte mit ihren Kindern und ging mit Hanna so um, als wäre sie nichts wert. Manchmal kam sich Hanna so vor, als ob sie nur ein Stück Dreck wäre. Das tat weh. Ihre Traurigkeit saß ihr wie ein dicker Kloß im Hals, deshalb konnte sie auch nichts essen und mit den anderen fröhlich sein. Aber das Weinen tat gut. Hanna vergaß alles um sich herum. Vor Gott konnte sie so sein, wie sie sich fühlte. Ihm brauchte sie nichts vorzuspielen.

Hanna redete lange mit Gott. »Herr, mein Gott, wirst du an mich denken? Du weißt doch, ohne Kinder bin ich bei den Menschen nichts wert. Schenke mir doch ein Kind. Ich will es nicht für mich behalten, sondern ich will ihm viel von dir erzählen, und es soll dein Kind werden, ich verspreche es.«

Hanna wusste nicht, wie lange sie schon betete und wie viele Tränen über ihr Gesicht liefen. Plötzlich stand Eli, der Priester, neben ihr. Er hatte dafür zu sorgen, dass im Tempel alles ordentlich zuging. Und was er hier sah, konnte er wirklich nicht zulassen.

»Du bist ja betrunken!«, rief er. »Du redest so komisch vor dich hin und man kann gar nichts verstehen. Und dann diese Heulerei! Du störst hier nur beim Beten. Geh nach Hause und schlaf deinen Rausch aus!«

Hanna nahm all ihren Mut zusammen und sagte: »Ich bin nicht betrunken. Ich bin nur sehr traurig. Ich habe Gott mein Herz ausgeschüttet und ihm meinen ganzen Kummer erzählt.«

Da sagte Eli: »Dann ist es gut. Geh in Frieden. Gott wird dir helfen und dein Leben neu machen.«

Hanna stand auf und ging zu ihrer Familie. Ihr Herz war richtig leicht geworden und ihre Augen sahen auch nicht mehr so traurig aus.

Ein Krug voller bunter Tränen

Zur Erarbeitung der Geschichte wird folgendes *Material* benötigt:

- ein großer Krug
- Wortkarten aus Pappe mit dem Bibelvers (Psalm 56,9)

SAMMLE	MEINE	TRÄNEN	IN	DEINEN
KRUG	MEIN	GOTT		

- große Tränen aus buntem Tonpapier mit schwarzem Rand (der schwarze Rand wird mit einem dicken Filzstift gezogen)
- Stifte

- Jedes Kind sollte mehrere Tränen erhalten. Die Tränen müssen so groß sein, dass die Kinder gut darauf schreiben können (je kleiner die Kinder sind, desto größer muss das Papier sein).

- Schon während der Erzählung steht in der Kreismitte, für alle gut sichtbar, ein Krug. Darum herum liegen die Wortkarten (mit der beschrifteten Seiten nach unten). Die vorbereiteten Tränen sind noch nicht zu sehen.

- Nach der Erzählung werden die ungeordneten Wortkarten umgedreht. Die Kinder versuchen, sie in eine sinnvolle Reihenfolge zu legen, bis das Psalmwort herausgefunden ist. Gemeinsam wird überlegt, was dieser Satz mit Hannas Geschichte zu tun hat.

- Auf die vorbereiteten bunten Tränen werden Hannas Traurigkeiten, Verletzungen und Ängste geschrieben. Die Bedeutung der Farbe und des schwarzen Randes wird den Kindern erklärt (siehe S. 23). Die beschrifteten Tränen werden von den Kindern in den Krug gelegt – Hannas Tränen »laufen nicht ins Leere«, sie sind bei Gott aufgehoben, so wie sie selbst bei Gott aufgehoben ist.

- So könnten die einleitenden Worte zum Beschriften der eigenen Tränen lauten:

  ». . . Manchmal steckt eine Traurigkeit, eine Enttäuschung oder eine Verletzung wie ein dicker Kloß in unserem Hals. Tränen können so einen Kloß richtig wegspülen. Das macht Luft. Genauso wichtig ist es aber auch, herauszufinden, warum der Kloß da war . . .«

- Jedes Kind kann nun überlegen, worüber es in letzter Zeit traurig gewesen ist, wer oder was es verletzt oder enttäuscht hat. Diese Ereignisse werden auf eine oder mehrere Tränen geschrieben und in den Krug gelegt. Auch wir sind mit unseren Tränen bei Gott aufgehoben.

Bastelanleitung

Wenn wir traurig sind, vergessen wir leicht, dass wir gerade auch mit unseren Tränen in Gott aufgehoben sind. Deshalb ist es hilfreich, wenn die Kinder zur Erinnerung einen gebastelten »Tränenkrug Gottes« mit nach Hause nehmen können.

Als *Material* braucht man dazu:

- schwarzen Tonkarton als Hintergrund für den Krug (Traurigkeit, Dunkelheit im Leben);
- weißen Tonkarton für den Krug (Helligkeit als Symbol für die Nähe Gottes);
- eine Schablone für den Krug;
- Tonpapier in leuchtenden Farben für die Tränen;
- Buntstifte, Schere, Klebstoff.

Auf den hellbunt ausgemalten Krug wird das Psalmwort geschrieben. Der Krug wird auf schwarzes Tonpapier aufgeklebt und mit beliebig vielen bunten Tränen (mit schwarzem Rand) »gefüllt«.

Beim Basteln sollten die Kinder noch einmal erklären oder erklärt bekommen, wofür die Farben stehen: Mitten in den Traurigkeiten des Lebens bin ich in Gott aufgehoben.

2) »Du, Herr, hast meine Klage verwandelt in einen Reigen«

Dialogische Erzählung und Tanz zu 1. Samuel 1,19-2,11

Hanna kommt in einem bunten Gewand (siehe S. 37) herein und beginnt mit den Kindern ein Gespräch.

Na, wisst ihr noch, wie ich heiße?

(Kinder nennen den Namen.)

Ja, genau: Hanna. Ich bin richtig froh und glücklich, dass ich euch heute erzählen kann, wie es in meinem Leben weitergegangen ist. Damit ihr manches besser verstehen und behalten könnt, habe ich euch etwas mitgebracht:

eine ganz besondere Blume (siehe S. 34).

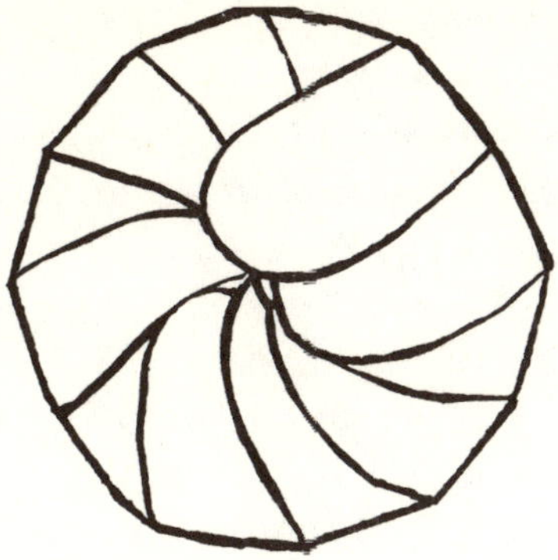

(Hanna zeigt die geschlossene Papierblume und eine Untertasse mit Wasser. Dann legt sie die geschlossene Blume vorsichtig auf das Wasser, so dass alle Kinder beobachten können, was passiert. Die Blütenblätter öffnen sich langsam, und nach und nach kommt die Blume zu ihrer vollen Entfaltung und der Innentext ist zu lesen.)

Ein Kind liest vor, was auf der Blume steht:

(Hanna:) Erinnert ihr euch noch an meine Geschichte und an meine Träume?

(Hanna nennt gegebenenfalls einige Stichworte und fragt die Kinder, ob sie einen Zusammenhang zwischen ihrer Geschichte und dem Blumenwort finden. Stichworte könnten sein:

- *Tränen;*
- *Gott das Herz ausschütten/klagen;*
- *Gott hat durch den Priester Eli ein Versprechen, eine Verheißung gegeben;*
- *diese Zusage hat Hanna neuen Mut, neue Freude und Hoffnung gegeben;*
- *die Sticheleien von Pennina werden weitergegangen sein, aber Hanna ließ deshalb den Kopf nicht mehr hängen;*
- *den Begriff »Reigen« erklären.)*

Ich habe euch noch etwas mitgebracht *(zeigt eine Schachtel, bei der zwei Seiten ganz schwarz sind, die anderen beiden Seiten und der Deckel sind bunt).*

Schaut euch mal die Schachtel genau an und beschreibt, wie sie aussieht.

(Kinder beschreiben, z.B. der Deckel ist bunt, die langen Seiten sind bunt, die kurzen Seiten sind schwarz usw.)

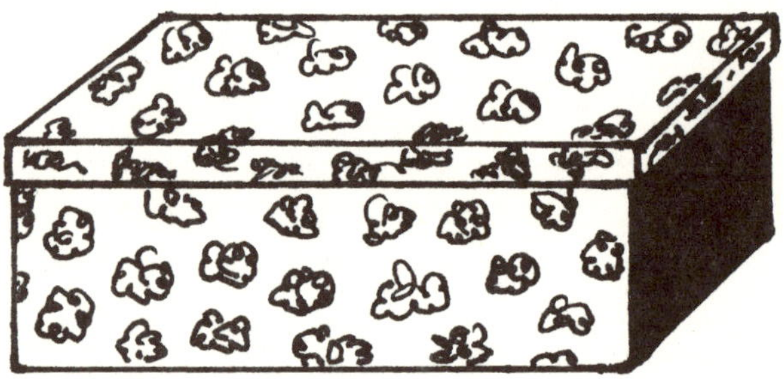

(Hanna:) Auf den ersten Blick denkt ihr sicher: Hm, eine ganz normale Schachtel mit Deckel.

Wenn ich jetzt sagen würde: Die schwarzen Seiten gefallen mir nicht, ich reiße sie raus, oder wenn ich sagen würde: Die bunten

Seiten finde ich affig, ich schneide sie raus – was passiert dann mit der Schachtel?

(Kinder antworten.)

Genau, sie fällt in sich zusammen und ist keine Schachtel mehr. Die schwarzen und die bunten Seiten gehören zusammen. Wenn ich etwas davon wegreißen würde, wäre die Schachtel zerstört.

Diese Schachtel hat etwas mit mir zu tun, oder besser gesagt: Ihr Äußeres hat etwas mit meiner Geschichte zu tun. Könnt ihr euch vorstellen, was das ist?

(Denkt mal an die Farben . . .)

Die Schachtel hat helle und dunkle Seiten. Ich könnte auch sagen: Sie sehen fröhlich und traurig aus.

In meinem Leben gab es ganz traurige Seiten, ihr habt ja davon gehört.

Am liebsten hätte ich diese traurigen, dunklen Seiten aus meinem Leben rausgerissen. Aber dann wäre es kaputtgegangen, genau wie die Schachtel.

Wisst ihr, ich glaube, ich habe etwas sehr, sehr Wichtiges gemacht, das mir geholfen hat, nicht kaputtzugehen:

Ich habe Gott diese dunkle Seite meines Lebens gezeigt. Ich habe sie nicht vor ihm versteckt, ich habe sie nicht verschönert oder verziert.

Manche von euch fragen sich vielleicht: Warum hat sie das eigentlich gemacht, so mit Gott geredet? Gott weiß doch schon alles. Das stimmt. *Er* brauchte mein Gebet auch nicht. Aber *ich* brauchte das Gebet. Mein Mann konnte mich nicht verstehen, obwohl er ganz lieb und verständnisvoll war. Ich glaube, manche Dinge, die wir erleben, kann nur Gott verstehen, und er kann uns das Gefühl geben: »Bei mir bist du gut aufgehoben und geborgen, ich verstehe deinen Kummer!«

Kann ich Gott wirklich alles sagen? Auch Kleinigkeiten oder Sachen, die ich sonst niemandem erzähle, z.B. dass ich abends allein manchmal Angst habe, besonders nach dem Fernsehen? Oder dass ich enttäuscht bin, wenn meine Freundin nicht gekommen ist, oder dass ich traurig bin, wenn mein Hund krank ist?

Ja, für all das und vieles mehr ist Gott zuständig. Er sagt nicht: »Ach, das mit deinem Hund ist doch eine Kleinigkeit.« Nein, Gott kümmert sich darum. Und du kannst dich bei ihm ausweinen. Das hat mir unheimlich gut getan, und ich konnte danach wieder ganz anders Luft holen. So konnte ich auch geduldig abwarten, bis sich dieses Versprechen, diese Verheißung von Gott in meinem Leben erfüllte, bis ich wusste: Ich bekomme einen Sohn. Natürlich hat mich Pennina noch oft gekränkt, als ich aus dem Tempel zurückkam. Aber Gott hatte mich aus der Dunkelheit geholt und mich getröstet.

Manmal dauert es lange, bis sich eine Verheißung, eine Zusage von Gott erfüllt, so wie bei der »Verheißungsblume«: Bis alle Blütenblätter sich voll entfalten können, vergeht Zeit. Und auch diese Zeit ist von Gott, und sie ist wertvoll und reich gefüllt.

Kennt ihr übrigens meinen Lobgesang? Mit ihm möchte ich mich verabschieden.

Lobgesang der Hanna, nach 1. Samuel 2,1-10

Herr, du hast mich fröhlich gemacht,
du hast mich wieder aufgerichtet und mich gestärkt.
Jetzt kann ich über meine Feinde lachen.
Ich bin voller Freude,
weil du mir geholfen hast.

Du allein bist heilig.
Es gibt keinen Gott außer dir.

Tut nicht so groß,
spielt euch doch nicht so auf:
Starken Männern zerbricht er die Waffen.
Schwachen und Entmutigten gibt er neue Kraft.

Die da satt waren,
müssen um Brot dienen,
und die Hunger litten,
hungert nicht mehr.
Die Unfruchtbare hat sieben geboren
und die viele Kinder hatte, welkt dahin.

Der Herr hebt die Verachteten aus dem Staub,
er erhöht den Armen aus der Asche
und gibt ihm einen Ehrenplatz.

Gemeinsamer Tanz

Hannas Freude über die Verheißung Gottes und die Geburt ihres Sohnes kann durch einen Tanz, einen einfachen Reigen, deutlich gemacht werden. Dazu eignet sich das Lied: »Ich will loben den Herrn allezeit« (JSL 1).

Anregungen zur Gestaltung des Tanzes:

1. Ich will loben den Herrn allezeit:	im Uhrzeigersinn im Kreis gehen, Hand in Hand
2. Wiederholung:	Richtungswechsel
3. Sein Lob soll immerdar in meinem Munde sein:	einander zugewandt in kleinen Schritten Richtung Kreismitte gehen, dabei die Arme von unten nach oben im Kreismittelpunkt zusammenführen
4. Ich will loben den Herrn allezeit:	mit kleinen Schritten rückwärts in die Ausgangsposition gehen

Bastelanleitung Blume

1. Material

   Für jedes Kind:
   - eine Kopie der Verheißungsblume ohne Text (Text mit Tipp-Ex entfernen)
   - Schere
   - wasserfester Folienstift
   - eine Untertasse mit etwas Wasser

2. Und so wird's gemacht:
   - die kopierte Blume ausschneiden,
   - die Blume mit wasserfestem Folienstift beschriften,
   - die Blütenblätter nach innen knicken.

Wenn die geschlossene Blüte vorsichtig auf das Wasser gelegt wird, entfaltet sie sich selbst.

Übrigens: Du kannst die Blume natürlich auch als Gruß, Glückwunsch zum Geburtstag oder als Einladungskarte verwenden . . .

Bastelanleitung Schachtel

Aus farbigem Tonkarton können die Kinder selbst eine Schachtel herstellen. Für diese einfache, aber eindrückliche Faltarbeit benötigt man für jedes Kind eine vergrößerte Kopie der Vorlage (siehe S. 35) und eine Schere zum Ausschneiden. Die Schachtel kann vielseitig verwendet werden, z.B.:

- zur Vertiefung der Bibelgeschichte,
- als Geschenkdose mit einem Bonbon drin,
- als Einladung mit einer Gutschein-Verheißungsblume,
- als . . .

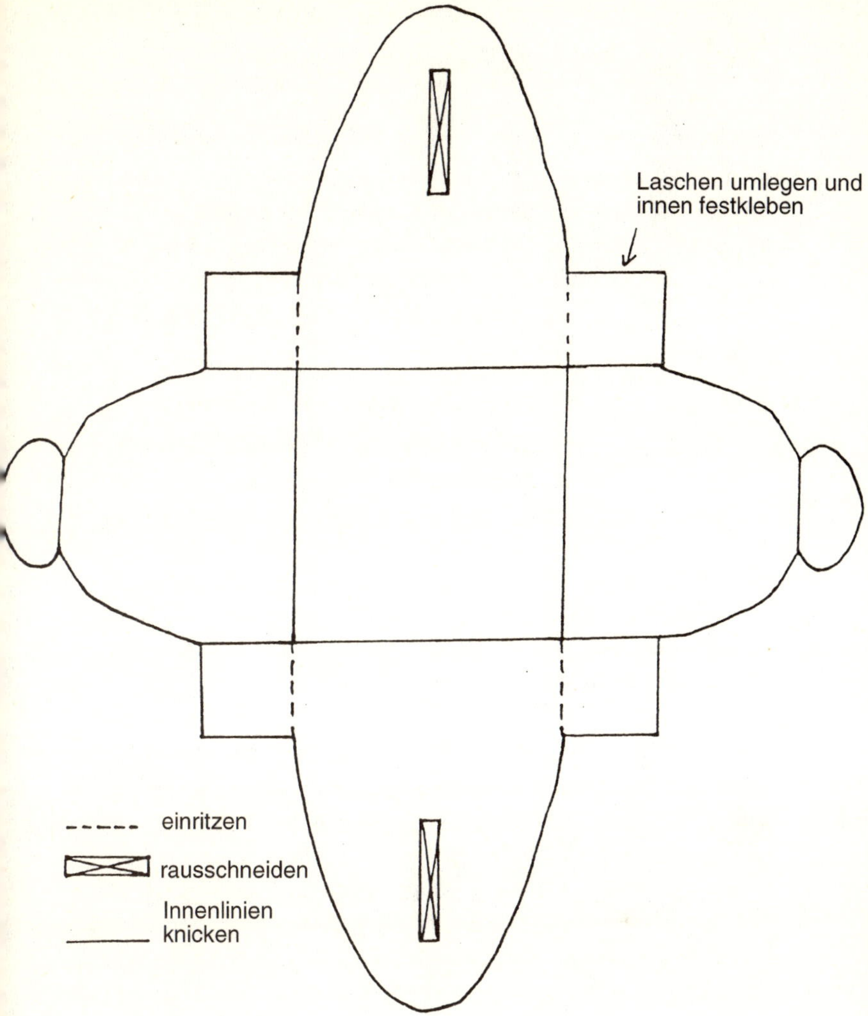
Laschen umlegen und
innen festkleben
einritzen
rausschneiden
Innenlinien
knicken

Schnittmuster für ein Gewand[3]

Kleider machen Leute, das gilt auch beim Erzählen von Geschichten in der Jungschar, auf Freizeiten oder am Lagerfeuer. Eine passende Kostümierung macht das Erzählen lebendiger. Das gilt für den Zuhörer, der die Erlebnisperson vor sich hat, und für den Erzähler, dem es durch die Verkleidung leichter fällt, in eine andere Person zu »schlüpfen«. So kann man ein einfaches Gewand selber machen:

1. Material
   - Stoff: bei 1,70 m Körpergröße 3,00 m x 1,40 m einfarbig, möglichst hell (natur, beige)
   - Werkzeug: Schere, Maßband, Garn, Nadel oder Nähmaschine

2. Und so wird's gemacht:

Faltet den Stoff einmal längs über die Hälfte. Schneidet den Halsausschnitt entsprechend der Kopfgröße, wie auf der Zeichnung angegeben, aus. Nun säumt rundherum 1 cm ein, damit euer Gewand nicht ausfranst. Zum Schluss werden die beiden Längsnähte innerhalb des Gewandes abgenäht. Mehrere Stiche an den Enden der Nähte verhindern ein Aufplatzen beim An- und Ausziehen. Nun ist es fertig, das »Allround-Erzählgewand«. Ihr könnt es nach Belieben mit Stoffdruck oder Batikfarbe verzieren. Mit einem geflochtenen Gürtel aus Makramee, einem Stück Stoff als Umhang oder Kopfbedeckung und ein Paar Sandalen seid ihr startbereit zum Erzählen und Erleben.

Wenn ihr in eurer Jungschar Gewänder basteln wollt, lasst jeden Jungscharler ein altes Leintuch mitbringen und verfahrt genauso wie oben.

Vielleicht schreibt ihr ein Stück passend zu den Gewändern oder probiert einfach einmal, biblische Geschichten mit euren Jungscharlern nachzuspielen.

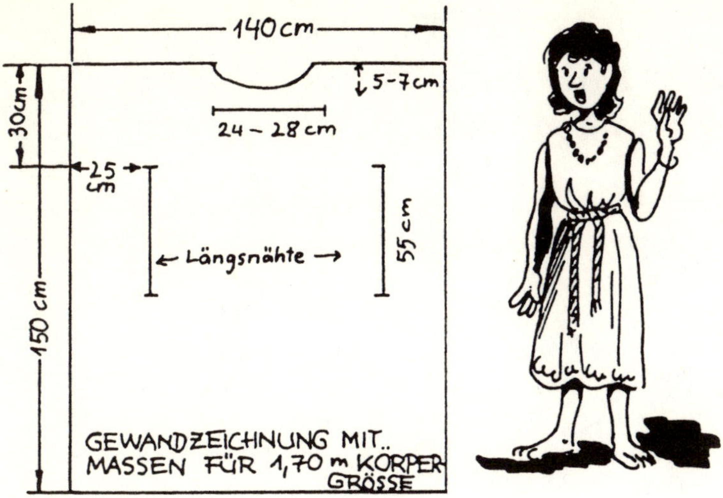

Wenn die Kinder es nicht gewohnt sind, dass die Mitarbeiterin beim Erzählen in eine andere Rolle schlüpft und dies mit einem äußeren Zeichen verstärkt (z.B. mit einem übergelegten oder genähten Bettlaken als Gewand), könnte sie die Erzählung folgendermaßen einleiten (und sich entsprechend »verwandeln«): »Ich ziehe mir jetzt ein besonderes Gewand an, binde mir ein Tuch um den Kopf und schlüpfe so in die Rolle einer Frau, deren Geschichte seit vielen, vielen Jahre erzählt wird und die ihr schon kennen gelernt habt.«

3. Amos und Heidi Horchlöffel oder: Was die Ohren des Herzens verstopfen kann

Zwei Stundenentwürfe und ein Gottesdienstvorschlag für Jungschargruppen, Kinderbibeltage, Wochenend- oder Familienfreizeiten.

Ge-Hörschäden

Hören, zuhören, weghören, überhören, hinhören, gehören ... Wir leben in einer Zeit, in der die Ohren viel zu hören bekommen: Worte, Musik und vielfältiger Alltagslärm dröhnen von morgens bis abends auf uns ein. Kinder und Jugendliche leiden zunehmend an Hörschäden, weil sie in jeder freien Minute ihren Walkman dröhnen lassen und ihre Ohren mit viel zu lauter Musik verstopfen.

Es fehlt an äußerer Ruhe, um zur inneren Ruhe zu kommen, um zu hören, wem wir eigentlich gehören (vgl. auch Kapitel 5). Doch es sind nicht nur die akustischen Reize, die unsere Ohren, auch noch lange nach Abschalten des Walkmans oder Fernsehers, verstopfen. Gleichgültigkeit und Unaufmerksamkeit lassen manche Worte gar nicht erst an unser Herz heran und verhindern, dass Herzen hören, dass sie Gott gehören. Darum geht es in der Walkmanszene mit Heidi Horchlöffel (siehe S. 54ff).

Die Ohren des Herzens können mit sehr verschiedenen »Sachen« verstopft sein, z.B. mit lebensfeindlichen Gedanken, mit Normen und Anforderungen anderer Menschen, denen ich nicht entsprechen kann, die vielleicht sogar falsch sind, mit negativen Einwänden etc. »Ich schaff das nicht – mich mag keiner – ich habe viel zu große Ohren – alle müssen weiß sein – man muss viel Geld verdienen – . . .«

Welche Anforderungen oder Einwände bestimmen dein Leben und verhindern vielleicht, dass du es kreativ entfalten kannst, so wie Gott es gedacht hat – gut für dich und deine Mitwelt?

Manchmal liegen wir Menschen ganz schief mit dem, was wir im Leben für wesentlich halten oder was zur Gewohnheit geworden ist, weil »man« das eben so tut.

Nicht selten verschieben sich sogar Rechts- und Unrechtsempfinden, wie in den Amosgeschichten deutlich wird. Wer gibt den Ton an in deinem Leben?

Die erste Spielszene, in der die Handpuppe Heidi Horchlöffel eingeführt wird, handelt von einer der elementarsten Fragen des Lebens: Bin ich angenommen, so wie ich bin? Es ist erschreckend, wie viele Kinder darunter leiden, dass sie eigentlich nicht gewollt sind, dass sie anders sein sollen, dass sie einen »Makel« haben, und daher können sie sich auch nicht selbst annehmen. Hier kann die Botschaft von der Liebe Gottes befreiend wirken, wenn das Herz hört, dass ich Gott selbst gehöre, dass ich kostbar bin und so sein darf, wie ich bin.

Kinder und Jugendliche, die nicht wissen, wohin sie gehören und ob sie jemand lieb hat, haben oft kein Selbstwertgefühl. Sie sind aggressiver und gewaltbereiter als Kinder mit einem gesunden Selbstwertgefühl.

Wenn die Ohren des Herzens hören, dass ich ein von Gott geliebter und wert geachteter Mensch bin und dass jeder Mensch eine Kostbarkeit Gottes ist, dann hat das positive Auswirkungen auf den Umgang mit anderen Menschen.

Die Amos-Geschichten führen an die Frage heran, wer oder was mich in meinem Leben bestimmen will (Geld, Macht, Konsum, negative Gedanken, andere Menschen . . .) und ob mein Herz die Lebenszusagen von Gott hören und ich danach leben will.

1) Ich (ge)höre Gott

Spielszene: Heidis Ja zu ihren großen Horchlöffeln *(zu Psalm 139,14)*

Für diese Szene benötigt man zwei Mitarbeiter.

Heidi Horchlöffel (im Folgenden HH genannt) schaut mehrmals zur Tür herein – nur ganz kurz und nur mit dem Kopf. Sie trägt ein großes Kopftuch.

Der Mitarbeiter (kurz MA) bemerkt sie zunächst gar nicht (er singt zusammen mit den Kindern ein Lied), doch die Kinder werden ihn auf den seltsamen Gast aufmerksam machen.

MA: Nanu, ist da jemand?

(HH schaut erneut um die Ecke, verschwindet aber wieder.)

MA: *(geht zur Tür und will sie reinholen, HH verschwindet wieder, sie traut sich nicht)*
Hallo, komm doch rein!
Du brauchst dich nicht zu fürchten!

(HH flüstert MA etwas ins Ohr.)

MA: *(zu den Kindern)* Sie traut sich nicht herein, weil sie hier niemanden kennt.
Wer von euch ist denn auch das erste Mal hier?

(Kinder melden sich und erzählen kurz.)

MA: *(zu HH)* Siehst du, hier gibt es noch mehr Kinder, die das erste Mal hier sind und vielleicht auch noch keinen kennen.
Wie heißt du denn?

HH: Heidi. Und wie heißt du?

MA: Ich heiße . . . Jetzt komm doch einfach mal ein Stückchen näher. Das geht ganz leicht. Du gehst einen kleinen Schritt vor und dann noch einen und noch einen . . .
(zu den Kindern) Ruft sie doch mal!

(Kinder rufen »Heeeiiidiii!« HH kommt bei jedem Ruf ein bisschen näher.)

MA: Na, siehst du, das ist doch gar nicht so schwer. Hast du nicht Lust, hier zu bleiben?

HH: Au ja, ja-jein . . .

MA: Wie, »jein«, warum zögerst du?

(HH flüstert MA etwas ins Ohr.)

MA: Echt?

(HH flüstert MA wieder etwas ins Ohr.)

MA: Und deshalb wirst du ausgelacht?

(HH nickt, flüstert weiter.)

MA: Was, das sagen die zu dir? *(entrüstet)* Das ist aber echt gemein! - Und jetzt hast du Angst, das würde dir bei den Kindern hier auch passieren?

(HH nickt.)

MA: Hm. *(Schaut unter das Kopftuch.)*
Ich muss zugeben, ich kann mir schon vorstellen, dass das ein bisschen lustig aussieht mit . . .

HH: *(fällt ihm ins Wort)* Nichts sagen, nichts verraten, sonst finde ich keine Freundin! *(Lässt den Kopf dann etwas hängen.)*

MA: Aber das hat doch gar nichts damit zu tun, wie man aussieht, ob man nun große . . . hat oder nicht. Deshalb habe ich dich doch trotzdem gern. Pass auf, Heidi, ich erzähl dir mal eine Geschichte. *(Folien für Tageslichtschreiber siehe S. 46f.)*
Es war einmal ein kleines schwarzes Schaf. Blacky hieß es. Alle anderen Schafe in der Herde waren weiß. Jedenfalls dachten sie, sie wären weiß. Eigentlich sah ihr Fell eher schmutzig und grau aus. Aber zu dem kleinen schwarzen Schaf sagten sie: »Bööhh, du siehst aber komisch aus! Du bist ja ganz schwarz! Und was für Ohren du hast, die sind ja riesengroß, richtige Löffel!«
Da wurde Blacky immer ganz traurig. »Warum bin ich so schwarz und habe so große Löffelohren?«, fragte es sich.

Das kleine schwarze Schäfchen lief weg und versteckte sich. Es stellte sich sogar in einen tiefen Bach, um das Schwarze abzuwaschen. Auch die großen Ohren hielt es ins Wasser, vielleicht würden sie ja kleiner werden. Aber der Bach konnte Blacky nicht weiß waschen und die Ohren liefen auch nicht ein. Es bekam nur einen dicken Schnupfen.
Da lief es zu einer anderen Herde. Plötzlich musste es ganz laut laut niesen. Doch statt »Gesundheit« zu blöken, riefen die fremden Schafe: »Böh, habt ihr schon mal so ein schwarzes Schaf mit so großen Ohren gesehen? Alle Schafe müssen weiß sein und kleine Ohren haben!«
Da dachte das arme Schäfchen, Gott hätte sich vielleicht bei ihm geirrt mit der schwarzen Farbe und den besonders großen Ohren. Es wollte zu ihm gehen und ihn bitten, es weiß zu machen und seine Ohren zu verkleinern.
Zuerst kam das kleine Schaf an das kleine Himmelstor. Der Türhüter wollte es nicht vorbeilassen, weil es so schwarz war. Aber es machte sich ganz klein und schlüpfte an ihm vorbei. Der Türhüter am mittleren Himmelstor bemerkte es gar nicht, weil er gerade die Türklinke putzte.
Und der Türhüter am letzten, großen Himmelstor, der rief: »Ach, wie hübsch! Ein schwarzes Schäfchen! Und was es für wunderschöne Ohren hat! Du gefällst mir aber gut!« Und er führte es weiter.
Nun bekam das Schäfchen plötzlich Angst. Vielleicht wollte Gott keine schwarzen Schafe sehen? Doch da rief der freundliche Türhüter: »Wie wunderschön hast du alles gemacht, großer Gott! Ist dies nicht ein wunderschönes schwarzes Schaf? Gewiss hast du es besonders lieb und hast ihm so schöne Ohren geschenkt, damit es dich besonders gut hören kann!«
»Ja«, hörte das Schaf Gottes Stimme laut und deutlich, und es war überglücklich. Es rannte zu seiner Herde zurück.
»Böh«, machten die anderen Schafe. »Das hässliche Schwarze mit den Löffelohren ist wieder da!«

Aber das kleine Schaf konnte nur noch glücklich sein und hatte immer noch die Worte des Türhüters und das Ja Gottes im Ohr. »Ja«, sagte das kleine Schaf, »ich weiß. Ich bin schwarz und habe besonders große Ohren.« Und es fraß sein Gras und störte sich nicht an den anderen. Es wusste: Gott hat mich sehr lieb, das ist das Wichtigste.

HH: Meinst du, ich bin auch ein Schaf?

MA: Nein. Aber ich meine, dass Gott dich so lieb hat wie das kleine Schaf in der Geschichte. Du bist eine ganz einmalige Heidi, wunderbar gemacht.

HH: Ich bin einmalig! Und Gott hat mich lieb! Und ich bin wunderbar gemacht! Das hat mir noch niemand gesagt! Das ist ja toll!
Du, hilfst du mir mal das Kopftuch abzumachen? Ich habe auf einmal keine Angst mehr, wenn die anderen gleich lachen, wegen . . . wegen meiner Ohren.

(MA nimmt das Kopftuch ab. HH schüttelt ihre Haare.)

MA: Oh, was hast du für wunderschöne, schwarze Haare! Und, ehrlich gesagt, so schlimm finde ich deine Ohren gar nicht.

HH: Du, jetzt sage ich dir auch noch meinen Familiennamen, der . . . der ist nämlich auch ziemlich lustig. Und damit haben mich die anderen in der Schule immer geärgert.
Ich heiße nämlich Heidi Horchlöffel.

MA: Das ist aber wirklich ein lustiger Name. Heidi Horchlöffel. Aber er passt total gut zu dir und zu deinen schönen Ohren.

HH: Ja, ich bin jetzt auch gar nicht mehr ängstlich, wenn andere mich wegen der Ohren ärgern wollen. Aber stimmt das denn auch wirklich, das mit Gott und dass er mich so lieb hat? Die Geschichte von dem Schaf hast du dir doch sicher ausgedacht.

MA: Ja, das stimmt. Aber es gibt auch andere Geschichten, die von der Liebe Gottes erzählen und dass Gott uns einmalig geschaffen hat, dass wir ein guter Gedanke von ihm sind.

HH: Macht dir das denn auch Mut, wenn du so etwas hörst?

MA: Ja. Bei mir ist das doch so ähnlich. Ich habe zwar nicht so große Ohren, aber ich bin total unsportlich. Als Kind habe ich fürchterlich darunter gelitten, wenn ich beim Laufen jedes Mal die Allerallerletzte war. Mit der Zeit ist es mir immer wichtiger geworden, zu fragen und zu hören, was Gott denn zu mir sagt. Er hat ja schon immer zu den Menschen geredet und viele von ihnen haben die Gedanken und die Erfahrungen, die sie mit Gott gemacht haben, aufgeschrieben.

HH: Und was hat er nun über die Menschen gesagt? Woher weißt du, dass du einmalig bist, von Gott geschaffen?

MA: Ja, pass mal auf. *(Holt ein Kind nach vorne.)*
Ich brauche mal deinen Zeigefinger. *(Macht mit Hilfe eines Stempelkissens einen Fingerabdruck auf den Tageslichtschreiber.)*

HH: Boh, das sind ja ganz feine Linien. Hat die etwa jedes Kind hier?

MA: Ja, aber bei jedem sind sie anders, ganz einmalig.

HH: Und das hat sich Gott ausgedacht?

MA: Ja: Diese feinen Linien gibt es nur einmal auf dieser Welt. Gott hat sich unheimlich viel Mühe mit uns gegeben. Wir sind kein Fließbandfabrikat, sondern ganz einmalig von ihm ausgedacht, und wir gehören ihm, wir sind in seiner Hand.
Vor vielen, vielen Jahren hat das jemand in einem Lied aufgeschrieben, und das steht in der Bibel. Dort (Psalm 139,14) heißt es: Ich danke dir dafür, dass ich wunderbar gemacht bin, wunderbar sind deine Werke.

HH: Hm. Als ich vorhin vor der Tür stand, hab ich euch so schön singen hören. Gibt es denn auch ein Lied aus der heutigen Zeit, das davon erzählt? Ich meine, davon, dass ich und du und alle hier einmalig sind?

MA: Ja. Es heißt: »Vergiss es nie, dass du lebst, war keine eigene Idee . . . Du bist gewollt, kein Kind des Zufalls, keine Laune der Natur . . .« (siehe S. 48f).

Die Handpuppe Heidi Horchlöffel

Rahmenfiguren wie z.B. die Handpuppe Heidi Horchlöffel sind »Übersetzer« von biblischen Geschichten. Sie nehmen die Rolle der Kinder ein, greifen Situationen aus deren Lebenswelt auf, problematisieren einen Gedanken, führen zur Bibelgeschichte hin oder vertiefen sie im anschließenden Gespräch. Sie sind Hilfsmittel, um die Verkündigung anschaulich, lebendig und für die Kinder konkret zu machen.

Heidi Horchlöffel ist anlässlich eines Zeltlagers mit dem Thema »Ich (ge)höre Gott« entstanden, deshalb hat sie so große Ohren. Wer nicht die Zeit oder Gelegenheit hat, eine solche Handpuppe selbst herzustellen, kann auch eine fertige Handpuppe nehmen und ihr große Ohren aus festem Stoff ankleben.

Bei einer mehrtägigen Freizeit sollte der Mitarbeiter, der die Handpuppenrolle übernimmt, nicht wechseln. Das ist für die Kinder und den Spieler einfacher. Beim Spielen ist darauf zu achten, dass Heidis Kopf im Vordergrund steht (der Spieler sollte sich sozusagen ein wenig hinter ihr verstecken, z.B. durch einen langärmeligen schwarzen Pullover) und dass die Mund- und Handbewegungen der Puppe nicht vergessen werden. Es ist nicht erforderlich, die Stimme unnatürlich zu verstellen.

Die Einführungsszene von Heidi Horchlöffel muss man genießen, d.h. man muss sich Zeit nehmen. Die Kinder können durch das zögerliche Verhalten Heidis wirklich nachempfinden, wie ängstlich und unsicher sie ist, weil sie niemanden kennt und so anders aussieht. Viele Kinder werden sich sofort mit dieser Situation identifizieren, ohne es auszusprechen. Beim Spielen werden sie dann auch mit in die Verwandlung zur mutigen Heidi hineingenommen. Hilfreich ist es, wenn der Mitarbeiter sich gut in ihre Rolle hineindenken kann, den Umgang mit der Puppe z.B. vor einem Spiegel übt und die Szene vorher durchgespielt wird.

Erzählen mit dem Tageslichtschreiber

Man kann die Schafgeschichte mit Hilfe eines Tageslichtschreibers besonders eindrücklich erzählen.

Kopiervorlagen

Das schwarze Schaf, die Herde und der Bach werden dazu vergrößert auf Folie kopiert und später übereinandergelegt oder abgemalt und dann ausgeschnitten. Wer möchte, kann natürlich auch noch Bäume, eine Wiese etc. malen.

Während des Erzählens hockt man sich am besten neben den Tageslichtschreiber, dann können die Kinder ungehindert auf das Geschehen an der Leinwand schauen. Möchte man eine neue Szene auflegen, hält man einfach ein DIN-A4-Blatt unter die Lampe (für die Kinder ist es dann dunkel) und tauscht die Figuren aus. Die Szene an den Himmelstoren und bei Gott werden nicht projiziert; hier sollte man sehr behutsam und sparsam in der Darstellung sein. Man kann diese Szene symbolhaft andeuten, indem man aus einem DIN-A4-Blatt vorsichtig einen kleinen Stern (ca. 3 cm im Durchmesser) ausschneidet und dieses Blatt auf den Tageslichtschreiber legt. So leuchtet mitten auf der dunklen Wand ein Stern auf. Was sich wohl dahinter abspielen mag?

Wichtig ist, dass die Kinder bei der Rückkehr des Schäfchens merken: Es sieht äußerlich noch genauso aus. Aber durch die Begegnung mit Gott hat es eine andere innere Einstellung zu sich bekommen (Selbstannahme), die man am Verhalten erkennen kann.

Lied: »Du bist du«

Noten und Gitarrengriffe des Liedes stehen in »Unser Kinderliederbuch«[4], Nummer 307.

1. Vergiss es nie: Dass du lebst, war keine eigene Idee, und dass du atmest, kein Entschluss von dir.
   Vergiss es nie: Dass du lebst, war eines anderen Idee, und dass du atmest, sein Geschenk an dich.

Refr.: Du bist gewollt, kein Kind des Zufalls,
keine Laune der Natur,
ganz egal, ob du dein Lebenslied in Moll singst oder Dur.
Du bist ein Gedanke Gottes, ein genialer noch dazu.
Du bist du, das ist der Clou,
ja, der Clou, ja, das bist du!

2. Vergiss es nie: Niemand denkt und fühlt und handelt so wie du; und niemand lächelt so, wie du's grad tust.
Vergiss es nie: Niemand sieht den Himmel ganz genau wie du, und niemand hat je, was du weißt, gewusst!

3. Vergiss es nie: Dein Gesicht hat niemand sonst auf dieser Welt, und solche Augen hast alleine du.
Vergiss es nie: Du bist reich, egal ob mit, ob ohne Geld, denn du kannst leben! Niemand lebt wie du!

(Text: Paul Janz; Übersetzung: Jürgen Werth)

Obwohl dieses Lied eigentlich für Teenager ist, kann es auch schon mit Kindern im Jungscharalter gesungen werden. Folgende Aussagen sollten allerdings erklärt bzw. im Gespräch mit den Kindern bedacht werden:

Was bedeutet:

- sein Lebenslied in Moll oder Dur zu singen;
- ein Gedanke Gottes zu sein;
- reich zu sein, ob mit oder ohne Geld;
- du bist du (Fingerabdruck)?

Kennenlernspiel

Die Spielszene »Ich (ge)höre Gott« ist vielseitig verwendbar. Sie kann ins Abendprogramm eingebaut werden, sie eignet sich aber auch sehr gut für den Einstieg in eine Freizeit. In diesem Fall bietet es sich an, sie mit dem folgenden Kennenlernspiel zu kombinieren. Auch dort geht es um die Frage:

Wer bist du?
Wer bin ich?

Und so geht's:

In Kleingruppen von ca. 6-8 Personen gibt es einen Stapel mit Aktions- und Fragekärtchen (sie sind jeweils mit einem A oder F gekennzeichnet). Es wird reihum gewürfelt. Wer eine 1, 3 oder 6 würfelt, darf ein Kärtchen ziehen und entweder die Frage beantworten oder die Gruppe zu einer Aktion auffordern.

Die Frage- und Aktionskärtchen können natürlich ergänzt und auf die spezielle Freizeitform zugeschnitten werden.

1. Fragen:
- Wie gefällt dir dein Vorname?
- Was findest du an dir besonders nett?
- Bist du ein Morgenmuffel? Wie bekommt man dich am besten wach?
- Was kannst du an dir nicht leiden?
- Du kommst total genervt von der Schule nach Hause. Wie reagierst du dich ab?
- Nenne einen Wunsch, den du zur Zeit hast!
- Wärst du lieber älter oder jünger als jetzt?
- Welches Musikinstrument möchtest du gerne spielen?
- Womit können dir andere eine Freude machen?
- Besuch im Zoo. Vor welchem Käfig findet man dich?
- Worüber hast du dich zuletzt so richtig geärgert?
- Einen Tag mit dem Star deiner Träume - den verbrächtest du mit . . .
- Zu einem schönen Fest gehören für dich . . .
- Dein Lieblingsessen ist . . .
- . . .

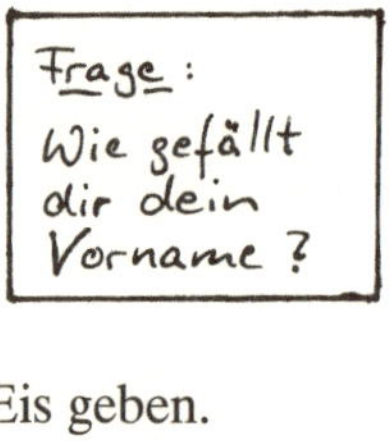

2. Aktionen:
- Du darfst dir ein Spiel wünschen.
- Geh in die Küche und lass dir für jeden ein Eis geben.
- Stellt euch in einer Reihe nach der Größe eurer Schuhe auf, jedoch ohne dabei zu reden!
- Du darfst dir ein Lied wünschen.
- Überlegt euch gemeinsam drei Fragen zur Person eures Gruppenleiters, die dieser dann beantworten muss.

- Hol aus der Materialecke für jeden in deiner Gruppe einen Bogen Papier und einen Stift. - Setzt euch zu zweit zusammen und malt jeweils die Umrisse eurer Hände auf (wechselseitig). Anschließend könnt ihr euren Namen, eure Hobbys, euer Lieblingsessen etc. auf eure »Hände« schreiben und sie an der Wand aufhängen.
- Stellt mit eurer Gruppe eine »Kamelwaschanlage« dar und führt sie eurem Nachbartisch vor.
- . . .

Material

- Handpuppe mit großen Ohren und Kopftuch
- Tageslichtschreiber
- Leinwand
- Folienteile der Schafgeschichte
- Stempelkissen für den Fingerabdruck
- Folie mit dem Lied »Du bist du«
- Fragekärtchen, Würfel und Material für das Kennenlernspiel

Psalm 139: »Du bist ganz nahe«

Übertragung von Heidi und Jörg Zink[5]

Dieser Psalm eignet sich gut für eine gemeinsame Lesung am Ende der Gruppenstunde oder im Rahmen eines Gottesdienstes zu diesem Thema.

Lieber Vater im Himmel,
ich weiß, dass du ganz nahe bist,
und das ist gut.

Du siehst alles. Du hörst alles,
auch was ich nicht ausspreche,
sondern nur denke.
Das ist gut.

Wenn ich sitze, weißt du es.
Wenn ich aufstehe, weißt du es auch.
Wenn ich auf der Straße gehe
oder in meinem Bett liege, siehst du mich.
Du bist mir von allen Seiten nah.
Du bist die Erde, auf der ich gehe.
Du bist die Luft um mich her.
Du bist das Licht über mir
und das Dach und der Himmel.

Ich kann mich nirgends verstecken
vor dir, auch wenn ich es will.
Ich kann nicht weglaufen vor dir,
und wenn ich noch so schnell renne.
Und das ist gut.

Wenn ich über die Berge fliege
und bis an die Wolken hinauf,
dann bist du dort oben
und siehst mich und hältst mich.

Wenn ich in den dunklen Keller gehe
und dort allein bin,
dann bist du doch bei mir,
und ich brauche keine Angst zu haben.

Wenn ich weit fortgehe,
über alle Länder
und über das ganze Meer,
dann bist du auch dort
und führst mich auf meinem Weg.
Das ist gut.

Ich kann nirgends hingehen,
wo du nicht bist.
Und auch, wenn ich einmal sterbe,
kann ich nirgends hinkommen,
außer zu dir.

Denn früher,
als ich noch nicht da war,
als es nur Vater und Mutter gab,
da war ich bei dir.

Du hast mich gemacht.
Du hast dir ausgedacht, wie ich sein soll,
die Farbe meiner Haare
und die Farbe meiner Augen
und meine Stimme und mein Herz.

Früher, als ich in meiner Mutter war,
ganz warm und weich,
da hast du mich wachsen lassen.

Ich danke dir, dass du mich schön findest
und dich an mir freust.
Ich freue mich auch, dass ich da bin.
Und ich finde mich auch schön.

Du hast viele Gedanken gedacht,
als du mich gemacht hast,
und ich werde nie
so viele Gedanken haben
in meinem Kopf wie du.

Wenn ich einschlafe
und nicht mehr weiß, wo ich bin,
dann bist du bei mir
und siehst mich.

Und wenn ich aufwache,
bin ich immer noch bei dir.

Es ist gut,
dass du in mein Herz
hineinsiehst
und dass ich nichts vor dir
verstecken muss.
Führe mich in allem,
was ich tue,
und bewahre mich.
Sei mir immer nahe.

2) Amos - ein Prophet mit Herz und Ohren

Spielszene 1: Heidis Horchlöffel sind auf Durchzug

HH betritt rhythmisch tanzend den Raum. Der Mitarbeiter greift irgendein Ereignis der letzten Zeit auf (z.B. das Gewitter der letzten Nacht) und versucht, ein Gespräch mit HH zu beginnen.

(HH nickt immer, entsprechend dem Gesagten.)

MA: Komisch, hast du heute deinen »Nick-Tag«? *(zu den Kindern)* Ich glaube, die hört mir gar nicht zu, versteht ihr das?

(Die Kinder antworten. Sie haben natürlich schon den Walkman entdeckt, den HH auf den Ohren hat.)

MA: Ach, kein Wunder, dass du nichts hörst!

HH: Doch, natürlich höre ich was! Is 'ne irre Musik drauf!

MA: Ich meine, du hast überhaupt nichts von dem gehört, was ich gesagt habe.

HH: Stimmt. Also gut, ich tu die Dinger weg und höre dir zu. *(Macht sich aber weiterhin an dem Walkman zu schaffen, die Klappe schließt nicht o.ä.)*

(MA greift wieder einige aktuelle Sachen der letzten Zeit auf, z.B. die spannenden Vorbereitungen für den Zirkusabend, die tolle Eisbombe u.a.)

MA: Du, ich glaube, du hörst mir immer noch nicht zu.

HH: Doch, doch, ich habe alles gehört.
Du hast gesagt . . . *(. . . wirft alles durcheinander).*

MA: *(runzelt die Stirn)* Jetzt hast du zwar zugehört, weil deine Ohren keine Musik mehr drauf hatten - und du hast doch nicht zugehört, weil du mit etwas ganz anderem beschäftigt warst. Zum einen Ohr rein, zum anderen Ohr wieder raus *(macht entsprechende Bewegungen).* Es nützt gar nichts, dir etwas zu erzählen. Dabei hast du doch so tolle Ohren.
Ich hätte sehr gerne mal gewusst, wie es dir geht . . . Ich habe dich doch wirklich gerne.

HH: *(dreht sich zum MA um)* Du hast mich wirklich gern?
Auch, wenn ich schon mal Mist gemacht habe?
Jetzt wird mir richtig warm um's Herz *(freut sich).*

MA: Jetzt hast du richtig gehört, was ich gesagt habe. Das ist nicht zum einen Ohr rein- und zum anderen wieder rausgegangen. Das ist viel tiefer gerutscht.
Jetzt hat dein Herz gehört, dein Herz hat Ohren bekommen!

HH: *(lacht, schaut sich unter den Pullover)* Herz mit Ohren! So ein Quatsch. Das gibt es doch nicht. Wofür soll das denn gut sein?

MA: Womit hört man denn normalerweise?

HH: Na, mit den Ohren.

MA: Ja. Aber hast du denn vorhin mit den Ohren gehört, als ich versucht habe, mit dir zu reden?

HH: Hm. Ich habe dich schon reden hören. Aber erst hatte ich die Musik im Ohr, dann habe ich die Ohren auf »Durchzug« gestellt und war mit dem Walkman beschäftigt, weil die Klappe nicht zuging. Aber dann hat mich das richtig im Herzen berührt, was du gesagt hast.

MA: Ja, da warst du auf einmal »ganz Ohr« und hast etwas Wichtiges verstanden. –
Was alles passieren kann, wenn die Menschen nicht richtig hinhören und wenn sie nicht richtig auf Gott hören, das musst du dir jetzt mal anschauen. Du siehst gleich eine Gerichtsverhandlung, die im Stadttor einer großen Stadt in Israel, in Samaria, vor vielen Jahren so oder ähnlich stattgefunden hat.

Spielszene 2: Amos ist ganz Ohr

(zu Amos 7,14f; 8,4-10)

Personen:

1. Heidi Horchlöffel
2. Kaufmann Josef Ben-Benjamin
3. Richter Iskai
4. Kläger Bauer Daniel
5. Ältester Simeon
6. Bauersfrau Hanna
7. Soldat
8. Prophet Amos

HH: Jetzt geht's bestimmt gleich los! Da kommen schon die Leute. Da hinten, das muss der Richter sein. Damals musste man bestimmt auch aufstehen, wenn der reinkam. *(zu den Kindern)* Los, alle aufstehen!

Richter: Wir befinden uns hier »Im Tor«, an dem Ort, wo über Recht und Unrecht entschieden wird. Bitte hinsetzen. *(Auch die Kinder setzen sich.)*
Heute geht es um die Klage des Bauern Daniel aus der Jesreel-Ebene gegen den reichen Landbesitzer und Großkaufmann Josef Ben-Benjamin.
Bauer Daniel, was hast du vorzubringen?

Daniel: Früher war ich ein reicher Bauer. Ich konnte meine Familie gut von meiner Ernte ernähren. Doch in einem schlechten Erntejahr musste ich mir Geld bei Josef Ben-Benjamin leihen. Davon habe ich mir neues Saatgut gekauft.

Richter: Bauer Daniel, komm zur Sache!

Daniel: Aber die Zinsen von dem geliehenen Geld wurden so hoch, dass ich es nicht gleich zurückzahlen konnte. Obwohl meine Familie und ich sehr hart gearbeitet haben, hat Josef Ben-Benjamin uns das Land weggenommen. Seitdem müssen wir für ihn arbeiten.

Richter: Da liegt die Schuld wohl auf deiner Seite. Komm zur Sache!

Daniel: Bisher mussten wir die Hälfte unseres Weizens abgeben. Und nun sollen wir mehr als zwei Drittel abliefern.
Von zehn Säcken Weizen müssen wir sieben abliefern. Das ist zu viel! Von den drei Säcken können wir nicht leben.
Und im Gesetz heißt es: Du sollst deinen Nächsten nicht unterdrücken.
Aber Josef Ben-Benjamin und seine Helfer halten sich nicht daran!

Hanna: Und auf unserem Markt geschieht so viel Unrecht. Die Messbecher sind gefälscht. Sie haben einen doppelten Boden.
Und dann mischen sie auch noch Spreu, also Abfall, unter den Weizen. Wie sollen wir denn davon unsere Kinder ernähren? Niemand ist da, der etwas dagegen tut und das Unrecht beim Namen nennt!

Richter: Frau, sei still! Das hat jetzt hier nichts zu suchen. Josef Ben-Benjamin, wie sehen Sie diese Angelegenheit?

Josef: Ich habe nichts Unrechtes getan. Ich habe diesem Menschen Geld geliehen, und wenn er es nicht zurückzahlen kann, ist das sein Problem.
Außerdem sind diese Menschen faul. Sie können doch gut mit dem leben, was sie bekommen. Damit sollen sie zufrieden sein!

Richter: Ich stelle fest: Das Recht ist auf der Seite von Josef Ben-Benjamin. Folgendes Urteil ergeht . . .

Simeon: *(springt auf und fällt dem Richter ins Wort)*
Ich bin Simeon und gehöre zum Rat der Ältesten dieser Stadt. Es stimmt, was Bauer Daniel gesagt hat. Vielen Armen und Bauern in diesem Land geschieht großes Unrecht.
Das Recht der Armen wird mit Füßen getreten, weil die Reichen sich ihr Recht immer mit Geld kaufen können oder mit großen Geschenken. Deshalb kann ich jetzt nicht länger schweigen:
Gestern Abend habe ich beobachtet, wie zwei Diener von Josef Ben-Benjamin einen kostbaren Teppich in das Haus des Richters gebracht haben. Dann habe ich gehört, wie sie zum Richter sagten: »Unser Herr, Josef Ben-Benjamin lässt Folgendes ausrichten: Wenn Sie morgen die Gerichtsverhandlung im Tor in meinem Sinne ausgehen lassen, bekommen Sie einen noch wertvolleren Teppich!«

(Aufruhr unter den Anwesenden.)

Hanna: Ich habe es schon immer gewusst, dass die Richter bestechlich sind!

Daniel: So eine Gemeinheit!

Richter: Ruhe! Wie kannst du solche Vorwürfe gegen das Gericht vorbringen?

Simeon: Ich habe Beweise und Zeugen dafür!

Richter: Soldat, führ ihn ab! Er hetzt das Volk auf!

(Soldat führt Simeon ab. Amos kommt.)

Amos: Weh euch, ihr Reichen und Richter, die ihr das Recht mit Füßen tretet und die Armen unterdrückt!
So spricht Gott, der Herr: Euer Ende ist gekommen!

Richter: Wer bist du, Fremder?

Amos: Lasst mich durch! Ich bin ein Hirte aus Tekoa. Gott hat mich geschickt, sein Wort zu verkündigen.

Richter: Geh nach Hause! Du hast hier nichts verloren. Du bist weder ein Priester noch ein Prophet und kommst auch noch aus einem fremden Land.

Amos: Hört mir zu! Spitzt eure Ohren! So spricht Gott, der Herr: Ich bin es leid mit anzusehen, wie ihr das Recht mit Füßen tretet und im Tor, im Gericht, nicht mehr die Wahrheit sprecht!
Es ist nicht richtig, dass ihr die Gewichte auf dem Markt fälscht und den Armen die letzten Paar Schuhe abnehmt! Gott hat euch in seinen Geboten etwas anderes gesagt. Hört auf sein Wort!
Gott will, dass alle Menschen leben können.
Aber eure Ohren sind verstopft, mit Geld und allem anderen, wobei ihr nur an euch selbst denkt!

(Alle gehen, auch Amos will gehen.)

HH: Hey, halt! Ihr könnt doch nicht einfach so abziehen! *(zu Amos)* Bleib du doch wenigstens hier. Wie heißt du noch mal?

Amos: Amos. Ich komme aus Tekoa. Das liegt in der Nähe von Bethlehem.

HH: Aha. Und wie kommst du dazu, etwas von Gott zu erzählen? Bist du Pfarrer oder so etwas?

Amos: Nein. Gott hat mir den Auftrag gegeben.

HH: Und du musstest dafür keine Ausbildung machen oder studieren?

Amos: Nein, ich bin ein einfacher Bauer, Schafhirte und Maulbeerfeigenzüchter.
Gott sehnt sich so sehr danach, dass wir Menschen auf ihn und sein Wort hören. Er möchte, dass wir ganz Ohr sind.

HH: Heißt das, Gott möchte, dass wir ihm zuhören?

Amos: Ja. Zu meiner Zeit haben die Menschen Gott nicht mehr richtig zugehört. Sie haben so gelebt, wie sie es wollten. Gott brauchten sie nur für ihre Feste und den Sonntag. Dabei haben sie nicht gemerkt, dass sie sich von Gottes Geboten und seinen guten Gedanken immer weiter entfernt haben.

HH: Und wie hast du dann Gott hören können?

Amos: Ich kann nur sagen, dass Gott so geredet hat, dass es mich in meinem Herzen berührt hat. Und dann konnte ich nicht mehr anders, ich musste von ihm erzählen.

HH: Hast du etwa . . . mit dem Herzen gehört?

Amos: Ja, so könnte man das vielleicht erklären. Mein Herz hat Ohren bekommen.

Weißt du, manchmal ist das mit dem Hören ja gar nicht so einfach. Manchmal hört man einfach nicht hin oder man ist mit etwas ganz anderem beschäftigt.

HH: *(nickt während der ganzen Zeit)* O ja, das kenne ich auch. Zum einen Ohr rein, zum anderen Ohr wieder raus. Mir ist da vorhin so etwas Ähnliches passiert. Erst als ich mit meinem Herzen gehört habe, habe ich so richtig verstanden.

Und das mit Gott und dem Hören, geht das denn heute auch noch?

Amos: Ja. Gott ist derselbe Gott geblieben, den ich vor über 2000 Jahren kennen gelernt habe. Und er will auch heute mit euch reden. Er hat große Sehnsucht nach seinen Menschenkindern, und er ist sehr traurig, wenn es ihnen schlecht geht.

HH: Hm, fand ich auch ganz gemein, die Sache mit dem Teppich, dass der Richter so bestechlich war und die Bauern viel zu viel abgeben mussten.

Ich überlege die ganze Zeit, ob es denn heute auch Sachen gibt, die nicht in Ordnung sind, ja, die vor allem vor Gott nicht in Ordnung sind, wo ich Gott mehr gehorchen müsste als den Menschen?

Amos: Ich denke, das gibt es bei euch sicher auch, z.B. im Umgang mit Menschen in den armen Ländern oder vielleicht auch in der Schule.

HH: Stimmt. Ich habe neulich eine Schulklasse besucht, in der die ausländischen Kinder erzählten, dass sie ganz oft nicht mit den anderen Kindern mitspielen dürfen oder dass sie schief angeschaut werden, weil sie nicht so tolle Klamotten haben. Und das finde ich ganz schlimm.
Und da gibt es doch tatsächlich Kinder, die kleinere Kinder auf dem Schulweg prügeln oder Geld oder Süßigkeiten von ihnen verlangen, wenn sie ohne Prügel davonkommen wollen. Das ist auch großes Unrecht.

Amos: Ja. Es ist nicht einfach, etwas anderes zu tun oder zu sagen als das, was die Stärkeren tun oder was die Mehrzahl tut. Auf Gott zu hören heißt manchmal, wie ein Fisch gegen den Strom zu schwimmen.

Praktische Tipps

Die Spielszene 2 veranschaulicht die soziale und gesellschaftliche Situation zur Zeit des Amos und führt Amos als Propheten ein. Hintergrundinformationen werden »lebendig ausgemalt«, eine entsprechende Dekoration und einfache Gewänder helfen, sich schnell in diese Welt einzufinden.

Die Spielszene kann sowohl von Kindern als auch von Erwachsenen gespielt werden.

Liedvorschläge

»Sei ein lebend'ger Fisch, schwimme doch gegen den Strom«, JSL 178

»Amos war ein Maulbeerzüchter«, JSL 98

»*Steckbrief Amos*«

In der Spielszene sind einige Informationen über Amos enthalten. Um sie sich besser einzuprägen, können die Kindern den folgenden »Steckbrief« ausfüllen. Als Hilfe erhalten sie dazu eine Kopie der skizzierten Mauer (siehe S. 63) mit den Stichworten auf den Steinen.

NAME: ....

WOHNORT: ....

AMOS LEBTE UM: ....

BERUF: ....

EHRENAMT: ....

BESONDERE KENNZEICHEN:

* 1.: ....
* 2.: ....
* 3.: ....
* 4.: ....

AUFTRAG: Amos sagt den Menschen:

- o 1.: ....
- o 2.: ....
- o 3.: ....

Kopiervorlage

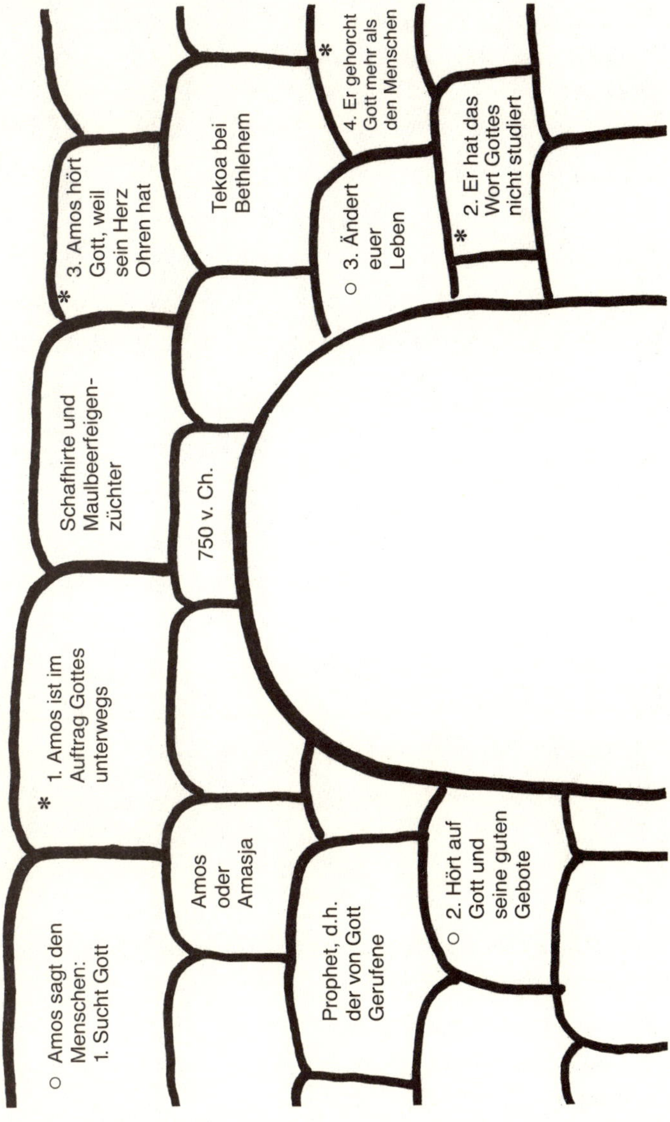

Material

- eine Handpuppe mit großen Ohren und Walkman
- einfache Gewänder aus Bettlaken zum Spielen der Gerichtsszene
- Kopien der Mauerinfos und des Steckbriefes für jedes Kind
- Stifte

3) Was die Ohren des Herzens verstopfen kann

Spielszene: Operation »Waldemar« oder: Warum die Mauer schief ist

(zu Amos 5,21-24; 7,7-9)

Für diese Szene muss eine Mauer vorbereitet werden (siehe »Mauerbau« S. 71).

Personen:

1. Mitarbeiter (MA)
2. Arzt (Arzt)
3. Heidi Horchlöffel (HH)
4. Waldemar Honigmaul (WH, siehe S. 72)
5. Amos

(WH kommt mit dick verbundenem Kopf herein und wimmert leise. Er hat schreckliche Ohrenschmerzen.)

MA: Ja, was ist denn mit dir los?
Findest du deine Ohren nicht mehr schön, dass du sie ganz eingepackt hast?

WH: Nein, ich habe unheimliche Ohrenschmerzen. Ich habe die ganze Nacht kein Auge zugetan. Ich weiß gar nicht, was ich machen soll.

MA: O weh, Ohrenschmerzen können wirklich ganz, ganz schlimm sein. Und hier gibt es keinen Bärenohrenarzt! Aber vielleicht ist ja ein Spezialist unter uns, den wir fragen könnten, was man bei Bärenohrenschmerzen am besten macht.
(Fragt die Kinder nach ihren Erfahrungen mit Ohrenschmerzen. Die wissen natürlich viel zu berichten . . .)

(Ein anderer Mitarbeiter steht auf; weißer Kittel und Spezialgeräte kennzeichnen ihn als Arzt.)

Arzt: Vielleicht kann ich ihm helfen.

MA: Bist du denn Spezialist für Bärenohren?

Arzt: Nicht gerade Spezialist, aber ich kann ja mal schauen.

WH: Und du bist auch ganz vorsichtig?

Arzt: Na klar. Dann zeig mir mal das Ohr. Am besten legst du dich hier auf den Tisch.
(Stille)
(Er schaut sich das Ohr an.)
Hm.
Oh! - O weh!
Das sieht aber gar nicht gut aus!
Da müssen wir sofort operieren.

WH: Operieren? Muss das wirklich sein?

Arzt: Ja, wenn du keine Schmerzen mehr haben möchtest.

MA: Na gut, wenn es sein muss.
Waldemar, du musst jetzt tapfer sein. Es tut bestimmt nicht weh, der Arzt ist ganz vorsichtig.

Arzt: *(fühlt ihm die Pranke)* Du brauchst keine Angst zu haben. Ich gebe dir jetzt eine Spritze, das piekt ein wenig, aber dann spürst du nichts mehr.

MA: Und wenn alles vorbei ist, bekommst du ein paar Honigbonbons.

Arzt: *(Er gibt WH eine Spritze, redet beruhigend auf ihn ein und fängt mit der Operation an.)*
(Beim Operieren, staunt er, was da alles zu sehen ist . . .)
Ja, das gibt es doch nicht!
. . . was ist das denn?
Hier muss mir mal jemand helfen! Ich brauche eine Assistentin!

(Heidi Horchlöffel kommt angerannt. Waldemar liegt auf dem Tisch, vorn hängt eine Decke oder ein Bettlaken herunter, so dass man nicht sieht, was unter und hinter dem Tisch passiert. Die folgenden »Gegenstände« aus Pappe (siehe S. 72) werden so hochgezogen, dass es aussieht, als ob sie aus Waldemars Ohr kommen.)

Arzt: Komm, zieh mal mit. Aber vorsichtig!
(Sie ziehen einen Walkman heraus, legen ihn zur Seite.)
Ein Walkman!
. . .
Ja, was haben wir denn da? Einen Fernseher!
. . .
Und das? O wei, ein kleiner Mann, ein kleiner Mann im Ohr . . . Flüster, Flüster . . .
. . .
Und was ist das? Eine Bank? Eine lange Bank!
Kein Wunder, dass Waldemar solche Ohrenschmerzen hatte! Aber jetzt wird alles gut. Und wenn Waldemar aufwacht, wird er keine Schmerzen mehr haben und wieder gut hören können.

HH: Aber wie kommen denn all diese Sachen in Waldemars Ohr? Gibt es das wirklich, dass die Ohren mit solchen Sachen verstopft sind?

MA: Nein, natürlich nicht. Ein richtiger Fernseher würde ja nicht in ein Ohr passen. Auf der anderen Seite gibt es so etwas doch, dass unsere Ohren verstopft sind und wir einfach nicht richtig hören können. Neulich, als du z.B. deinen Walkman auf den Ohren hattest, hast du mich auch nicht gehört.

HH: Stimmt. Wenn ich den nicht weggenommen hätte, hätte ich die Geschichte von Amos und Gott nicht kennen gelernt. Aber, wie ist denn das mit dem Fernseher gemeint?

MA: Also, grundsätzlich habe ich nichts gegen das Fernsehen. Aber manchmal bewirkt es, dass wir gar nichts von Gott hören. Ganz oft schauen Kinder lieber Fernsehen oder Video und verpassen dadurch super gute Aktionen in der Jungschar. Und außerdem, wenn man nur vor der Glotze hängt, verkümmert die ganze Phantasie.

HH: *(holt den kleinen Mann)* Also, mit diesem kleinen Mann kann ich auch nichts anfangen. »Einen kleinen Mann im Ohr haben«, kannst du mir das mal erklären?

MA: Die Erwachsenen kennen diesen Ausdruck wahrscheinlich. Es ist so, wie wenn Gedanken oder Worte von Menschen laut werden, die mir etwas einreden wollen, was gar nicht stimmt. Und die mich von Gott und dem, was er will, wegbringen wollen. Ein Beispiel:

Deine Klassenkameradinnen reden schlecht über jemanden. Du weißt, dass das nicht in Ordnung ist, aber irgendwie hast du die Sprüche der anderen im Ohr: »Wer sich um den kümmert, der ist ja auch bescheuert!« Und dann traust du dich einfach nicht mehr, dich für denjenigen einzusetzen, und du tust so, als ob du nichts gehört hättest. Und das ist nicht richtig.

Oder vielleicht hast du auch schon mal erlebt, dass du in die Clique nicht reingekommen bist und deshalb gedacht hast: Die anderen mögen mich nicht, keiner mag mich und eigentlich wollte mich meine Mutter auch nicht haben. Dann ist es oft so, dass sich diese Gedanken im Ohr ganz festsetzen, als ob da immer jemand ist, der mit diesen traurigen Gedanken deine Ohren verstopft.

Gott versucht mit uns zu reden, weil er genau weiß, dass uns diese Gedanken nicht weiterhelfen und uns einsam und traurig machen. Er möchte sie uns wegnehmen und uns Worte sagen, die uns helfen zu leben, die Mut machen.

HH: Das habe ich jetzt verstanden. Aber was ist hiermit, mit der langen Bank?

MA: Es gibt ein altes Sprichwort: »Etwas auf die lange Bank schieben«, heißt es.

HH: Ist das so: Wenn mir etwas unangenehm ist und ich es nicht gleich erledigen möchte – schiebe ich es dann auf die lange Bank?

MA: Ja.

HH: Und was hat das mit Gott zu tun?

MA: Wenn du dich z.B. mit deiner Freundin gestritten hast, dann ist es doch wichtig, darüber zu reden und euch wieder zu vertragen. Gott würde sagen: Bring das in Ordnung! Da ist etwas kaputtgegangen.

Aber manchmal hast du keine Lust oder denkst: Die andere soll anfangen, und: Es ist doch gar nicht so schlimm. Und du merkst nicht, dass da was zwischen dich und deine Freundin und Gott gekommen ist und du gar nicht mehr richtig auf sie und Gott hören kannst. Und das möchte Gott nicht. Nicht, weil er beleidigt wäre. Nein, weil es für uns gut ist, solche Sachen in Ordnung zu bringen.

HH: Gilt das auch für die Erwachsenen?

MA: Ja, natürlich.

HH: Puh, da kann man ja manchmal ganz schön schief liegen.

MA: Erinnerst du dich noch an Amos und die Leute im Tor? Die lagen mit ihrem Leben auch ganz schön schief.

HH: Stimmt.

MA: Erinnerst du dich an den Richter? Der hat sich mit einem Teppich bestechen lassen.

Und die Bauern wurden schrecklich unterdrückt; sie mussten von zehn Säcken Weizen sieben Säcke abliefern und hatten kaum etwas zu essen. Das war gegen Gottes Gebote.

(zu den Kindern) Kinder, hängt doch mal einige Sachen, die schief liefen, an diese schiefe Mauer.

(Die Kinder heften die folgenden Schilder an die vorbereitete Mauer aus Kartons, siehe »Mauerbau« S. 71.)

die Armen unterdrücken

Richter lassen sich mit Teppichen oder Geld bestechen

Und auf dem Markt stimmten die Maße und Gewichte nicht mehr.

Messbecher fälschen

Josef Ben-Benjamin hat schlecht über den Bauer geredet, der sei faul, hat er gesagt.

schlecht über andere reden

Das kennt ihr sicher auch. Das ist nicht in Ordnung. Oder was Heidi Horchlöffel von der Schule erzählte:

Gewalt gegen Schwächere

jemanden, der anders ist, auslachen

Fremde nicht mitspielen lassen

Das ist vor Gott nicht in Ordnung. Heute - und in der Zeit, in der Amos lebte.

Wir haben gehört, dass Amos von Gott den Auftrag hatte zu sagen, dass das Leben der Menschen nicht in Ordnung war. Amos hörte auf Gott - mit seinem Herzen. Und Gott hat ihm in Bildern, in »Visionen«, deutlich gemacht, dass sein Volk Israel nicht so weiterleben durfte.

Und *ein* Bild, *eine* Vision, die Amos gesehen hat, hat etwas mit diesem Gerät zu tun *(zeigt ein Bleilot):*

Was passiert, wenn der Maurer ein Bleilot an eine Mauer hält und feststellt: »Sie ist schief«? Die Mauer muss abgerissen und von Grund auf neu gemacht werden.

(Bleilot an die Kartonmauer halten - sie muss auf jeden Fall schief geworden sein.)

Gott hat mit Amos geredet: »Was siehst du, Amos?« Und Amos antwortete: »Ein Bleilot!«

(Amos tritt auf.)

Amos: Gott sagt: Ich will das Bleilot an mein Volk Israel legen und nichts mehr durchgehen lassen.
Die Mauer ist schief. Sie muss abgerissen und von Grund auf neu gemacht werden.

(Amos zerstört die Mauer, während der Mitarbeiter weiterspricht.)

Die Beziehung der Menschen zu Gott ist schief geworden - sie muss von Grund auf erneuert werden. Gott hat viele Versuche gestartet, uns Menschen auf Ruf- und Hörweite zu halten! Aber unsere Ohren sind verstopft mit vielen Dingen - genau wie Waldemars Ohr.

Gott hat so sehr darunter gelitten, dass wir in unserem Leben so schief liegen, dass er unser Verhältnis von Grund auf neu machen wollte.

Deshalb hat er Jesus geschickt. Jesus möchte unsere Ohren frei machen, und er hat den Weg zu Gott frei gemacht!

Jesus möchte unsere Ohren frei machen, damit wir auf Gott hören können, in seiner Nähe bleiben, in Ruf- und Hörweite, damit wir nicht immer wieder in diese Abgründe fallen, damit er uns besser trösten kann, wenn wir traurig sind oder uns allein fühlen.

Jesus hilft uns, unser Leben auf den richtigen Grund zu stellen, damit wir nicht schief liegen.

(Waldemar wacht auf - es ist alles in Ordnung.)

Programmvorschlag für einen Familiengottesdienst: »Die Mauer muss neu gemacht werden«

1. Begrüßung
2. Gemeinsames Lied mit Bewegungen: »Vater, ich will dich preisen«, JSL 82 (die Bewegungen lockern auf und verbinden)
3. Eingangswort/Gebet
4. Gemeinsames Lied: »Steht auf und lobt unsern Gott«, JSL 22
5. Psalmlesung (Auszüge aus Psalm 139, vgl. S. 51; oder ein selbst geschriebener Psalm zum Thema »Ich danke dir, dass ich wunderbar gemacht bin«)
6. Gemeinsames Lied: »Amos war ein Maulbeerzüchter«, JSL 98
7. Spielszene: Operation »Waldemar« oder: Warum die Mauer schief ist - mit einer Auslegung zu Amos 5,21-24; 7,7-9
8. Gemeinsames Lied: »Sei ein lebend'ger Fisch«, JSL 178
9. Fürbittengebet/Vaterunser
10. Ansagen
11. Segen oder Segenslied: »Gott, dein guter Segen ist wie ein großes Zelt«, JSL 184

Mauerbau

Die Mauer besteht aus leeren Kartons unterschiedlichster Größe (leere Kartons rechtzeitig sammeln), die von den Kindern bunt angemalt werden. Natürlich muss die Mauer vor dem Gottesdienst trocken sein. Die Malaktion kann z.B. unmittelbar im Anschluss an die vorangegangene Bibelgeschichte »Amos hört mit dem Herzen« stattfinden.

Beim Mauerbau ist darauf zu achten, dass sie schief und standfest zugleich ist.

Material

- Tageslichtschreiber
- Liedfolien
- eine Handpuppe mit großen Ohren
- Waldemar Honigmaul (ein großer Teddy-Bär) mit großem Kopftuch
- Arztkittel, evtl. Spezialgeräte vom Ohrenarzt
- große Spritze
- Tisch mit herunterhängendem Bettlaken als OP-Tisch
- Symbole aus Pappe (ca. DIN A2 groß): Walkman, Fernseher, kleiner Mann, lange Bank

- Schilder mit den Stichworten und vorbereiteten Klebestreifen zum Anheften an die Mauer
- Bleilot, beim Maurer besorgen - notfalls tut's auch ein an einer Schnur befestigter Stein
- Treppenleiter (steht hinter der Mauer, das Bleilot muss ja angelegt werden)
- für den Mauerbau:
  - große leere Kartons unterschiedlicher Größe
  - Dispersionsfarbe (in viele kleine Becher verteilt, damit viele malen können)
  - Folie/Zeitung zum Abdecken der Malflächen
  - jedes Kind sollte einen Malkittel tragen (z.B. ein altes Hemd des Vaters oder eine alte Bluse der Mutter)
  - große Borstenpinsel

4. Verzagen oder wagen? oder: Wie Herzen in einer ausweglosen Situation Hoffnung und Ziel bekommen

Drei Kurzgeschichten für Morgen- und Abendandachten oder als »Wort auf den Weg« am Ende von Gruppenstunden

Aus-Weg-Los?

In der Kürze liegt die Würze – die folgenden drei Erzählungen haben jedoch nicht nur diese Gemeinsamkeit, sondern in allen dreien geht es um Ausweglosigkeiten des Lebens und wie sie bewältigt wurden.

Mut und Zivilcourage zeichnen Mirjam und die Hebammen aus, die Gott mehr gehorchen als dem Pharao. In unserer »Sicherheitsgesellschaft« sind diese Tugenden an den Rand gedrängt worden, denn sie bergen ein Risiko in sich: Wer etwas wagt, kann nicht sicher sein, wie es ausgehen wird. Man kann nicht absehen, was passieren wird, wenn man sich für Menschen oder eine Sache einsetzt und Partei ergreift – gerade bei starkem Gegenwind.

Mirjam riskiert ihren Kopf und den ihrer Familie, als sie auf die Tochter des Pharao zugeht. Sie weiß nicht, ob diese ihr und dem kleinen Jungen freundlich gesinnt ist. Sie weiß nur, dass Gott ein Freund des Lebens ist, dem es zu vertrauen gilt. Vertrauen zu Gott schafft Mut und Zivilcourage, und damit kann man aus schwierigen Situationen herauskommen. Dies möchte die erste Geschichte neben dem einfachen Erzählen eines Teiles der Mose-Biographie aufzeigen. Sie soll Kinder ermutigen, mit Gott und für das Leben auch mal einen waghalsigen Schritt zu tun – z.B. Außenseiter zum Spielen einzuladen oder eine angebotene Zigarette abzulehnen – ohne zu wissen, wie die anderen in der Klasse oder Clique reagieren, oder obwohl man weiß, dass solch ein Verhalten belächelt wird.

Doch nicht alle schaffen es, starken Gegenwind auszuhalten. Petrus z.B. gab viele mutige Worte von sich und wollte seine Sache als Jünger Jesu immer gut machen. Doch er hat kläglich versagt.

Jeder kennt das, dass zwischen Wollen und Vollbringen oft ein weiter Weg liegt, der umso schwerer ist, je mehr die Angst einen packt - die Angst, entdeckt und gefangen zu werden wie bei Petrus, Schwächen zu haben oder die geforderte Leistung nicht zu bringen. Nicht selten endet solche falsch verstandene Stärke in Lüge und Selbstbetrug, in Sackgassen und schwer lösbaren persönlichen Konflikten.

Versagen und Scheitern gehören zum Leben dazu, auch in einer Gesellschaft, die das ausblenden möchte. Wichtig ist es, sich selbst und anderen gegenüber ehrlich zu werden und neue Perspektiven zu gewinnen. Jesus spielt dabei, wie wir bei Petrus sehen, eine wesentliche Rolle. Er befreit von Verstrickungen und ermutigt uns, echt zu werden.

Gerade Kinder spüren die Verlogenheiten des Lebens, können sie aber nicht unbedingt benennen. Wo geben Eltern schon zu, dass sie etwas falsch gemacht oder etwas nicht geschafft haben und sich auch bei Kindern dafür entschuldigen oder einfach ehrlich sein müssten? Die Verleugnungsgeschichte des Petrus will gerade das Scheitern nicht ausblenden, sondern aufzeigen, dass zum einen der »beste Jünger« nicht vom Versagen ausgenommen ist und dass dieser durch sein Scheitern fürs Leben gelernt hat und dass ein Neuanfang möglich ist.

Die dritte Geschichte könnte gut in zeitlicher Nähe zur »Schäfchengeschichte« (siehe S. 41f), als Morgenandacht oder Abendausklang, erzählt werden. Auch in ihr geht es um mangelndes Selbstvertrauen und dessen Überwindung. Hier besteht die Ausweglosigkeit des Lebens darin, dass man sich in negative Gedanken verrennt (»Wozu tauge ich denn schon?«), was in erster Linie aus dem Vergleichen mit anderen kommt und Kindern sehr vertraut ist. Es ist wichtig für Kinder zu lernen, dass es oft gerade die kleinen, unscheinbaren Dinge sind, die dem Leben Bedeutung und Sinn verleihen.

Zuspruch und Ermutigung durch Gott und Menschen können der Anstoß für wundersame Wandlungen hin zu starken kleinen Persönlichkeiten sein.

1) Mirjam erzählt von waghalsigen Schritten aus einer ausweglosen Situation
(zu 2. Mose 1-2,10)

Mirjam kannte den Weg gut. Erst am Ufer des Nils, nahe am Schilf vorbei, dann über den Trampelpfad zwischen den Feldern - bald war sie zu Hause.

Von weitem sah sie zwei Frauen kommen, es mussten Schifra und Pua sein, hebräische Hebammen. Sie gehörten zum Volk Israel und hatten schon vielen Kindern auf die Welt geholfen. Erst vor drei Monaten hatte Mirjam zu Hause mit ihnen gesprochen.

»Hallo Mirjam«, sagten die beiden Frauen.

»Hallo Schifra, hallo Pua«, antwortete Mirjam. »Seid ihr wieder im Einsatz?«

»Ja. Aber rede nicht so laut, man weiß nie, ob einer der Ägypter uns nachspioniert«, flüsterte Schifra. »Seit der Pharao das Gesetz erlassen hat, dass alle neugeborenen Jungen getötet werden sollen, leben wir sehr gefährlich. Du weißt ja, Mirjam, dass wir uns nicht daran halten können. Gott ist doch ein Freund des Lebens, und wir müssen ihm mehr gehorchen als dem Pharao. Wir können nicht einfach Leben, das Gott geschenkt hat, auslöschen!«

»Ich finde das ganz mutig von euch, so eine Zivilcourage aufzubringen und Gott mehr zu gehorchen als dem Pharao und dem, was die Gesellschaft so tut. Aber manchmal frage ich mich, wie das alles noch weitergehen soll. Auch mit meinem kleinen Bruder. Wir können ihn bald nicht mehr verstecken. Er ist jetzt ungefähr drei Monate alt.«

»Weißt du, Mirjam«, sagte Pua, »Gott wird für uns sorgen. Er hat unsere Vorfahren durch Josef nach Ägypten gebracht und dafür gesorgt, dass unser Volk nicht verhungert ist, und er wird auch jetzt unser Elend sehen, unser Schreien hören und uns aus der Hand der Unterdrücker befreien. Gott ist unser Herr. Wer sich vor ihm beugt, der kann vor Menschen gerade stehen.«

»Pua, wir müssen uns beeilen«, sagte Schifra und zog Pua am Ärmel.

Gedankenversunken ging Mirjam weiter. Gott mehr gehorchen als den Menschen. Wer sich vor Gott beugt, kann vor Menschen gerade stehen . . . Plötzlich wurde sie von einer großen Unruhe erfasst. Mirjam begann zu laufen. Hoffentlich hatten sie den kleinen Bruder noch nicht gefunden. Zu Hause bemerkte Mirjam sofort, was los war. Ihre Mutter arbeitete an einem geflochtenen Körbchen, sie verklebte es mit Harz und Pech, dass es wasserdicht wurde. Mirjam wusste Bescheid. Es war so weit. Der Junge musste weg.

Ihre Mutter legte das Kind in das Kästchen, trug es zum Fluss und versteckte es am Ufer im Schilfgras. Da lag es nun, mutterseelenallein. Nur Mirjam hielt sich in der Nähe am Ufer versteckt. Was würde passieren?

Plötzlich hörte sie Stimmen und Gekicher. Vorsichtig bog sie ein paar Schilfgräser zur Seite und schaute auf den schmalen Pfad, der zum Nil herunterführte. Mirjam hielt die Luft an. Die Tochter des Pharao ging mit ihren Freundinnen geradewegs auf die Stelle am Fluss zu, wo das Kästchen mit dem kostbaren Inhalt schaukelte.

»Oh, schaut nur, was für ein interessantes Kästchen«, hörte sie die Pharaotochter rufen. »Ich würde gerne wissen, was drin ist!«

In Mirjams Kopf überschlugen sich förmlich die Gedanken. Würde gleich alles aus sein? Würde ihr Bruder nun an Ort und Stelle ertränkt oder würde er erst zum Pharao gebracht werden? Sollte sie einfach losrennen und mit dem Kästchen flüchten?

Nun hatte eine der Dienerinnen das Kästchen aus dem Wasser geholt. Die Tochter des Pharao öffnete es. Mirjam konnte an ihrem Gesicht ablesen, dass ihr Herz angerührt war, als sie das weinende Kind sah. »Es ist eines der israelitischen Kinder«, sagte sie.

Noch bevor sie weiter überlegen konnte, was sie mit dem Jungen machen sollte, lief Mirjam zu ihr hin und sagte: »Ich kenne eine Frau aus dem Volk Israel, die das Kind stillen kann. Soll ich sie holen?«

»Ja, lauf nur und hol sie her.«

Da lief Mirjam nach Hause und holte ihre Mutter. Sie wusste selbst nicht, wie sie auf diese Idee gekommen war und woher sie den Mut genommen hatte, so zu handeln. Sie wusste nur eines: Sie wollte mit dem Gott zu tun haben, der ein Freund des Lebens war und dem man mehr gehorchen sollte als den Menschen. Wahrscheinlich konnte sie deshalb aufrecht vor der Ägypterin stehen und mutig ihren Weg gehen.

Freudentanz

Im Anschluss an die Erzählung kann ein Freudentanz einstudiert werden. Das Lied »Wie Kinder im Hause des Herrn« eignet sich gut dafür. Die Beschreibung der Tanzschritte und das Lied selbst finden sich im JSL unter der Nummer 28.

Weitere Loblieder:

»Steht auf und lobt unsern Gott«, JSL 22

»Hallelu, Hallelu«, JSL 31

2) Petrus erzählt von bitterem Versagen und neuem Wagnis

(zu Matthäus 26,69-75)

Petrus liebte diese kurze Stunde zwischen Tag und Nacht, wenn die Sonne schon sehr tief stand und mit ihren Strahlen jeden einzelnen Stein der Stadt Jerusalem in Gold verwandelte.

Er war froh, wieder in Jerusalem zu sein. Müde trabte sein Esel durch die Gassen. Auch Petrus sehnte sich danach, seine Beine ausruhen zu können. Er kam aus seiner alten Heimat, aus Betsaida oder auch Fischhausen genannt, am See Genezareth.

In den letzten Monaten war unheimlich viel passiert. Ganz in Gedanken versunken bog er in die nächste Gasse ein. Die Sonne war inzwischen untergegangen, und der honigfarbene Himmel verdunkelte sich.

»Pst, pst«, hörte Petrus auf einmal. Aber er konnte niemanden sehen. Er ging weiter. »Pst, pst!« – da war es schon wieder. Petrus blieb stehen. Auf einmal entdeckte er hinter einer Mauer den kleinen Timotheus.

»Schalom Petrus«, rief der Junge, als er merkte, dass er entdeckt war. »Wie schön, dass du wieder da bist! Wir warten zu Hause schon auf dich!«

»Ach, du bist es, Timotheus. Ja, ich komme gleich mit dir. Willst du den Esel führen?«

»Oh, gerne«, rief Timo und suchte schnell eine Stelle, wo er über die Mauer klettern konnte.

»Ich habe für heute Abend noch einen Freund eingeladen«, sagte er zu Petrus. »Ich habe ihm ganz viel von dir erzählt, dass du so gut Geschichten von Jesus erzählen kannst und dass du so ein toller Mann bist.«

»So«, sagte Petrus nur. Timos Worte behagten ihm gar nicht, denn er wusste nur zu gut, dass er einmal ganz schlimm Schiffbruch erlitten hatte.

Inzwischen war es richtig dunkel geworden. Am Ende der Gasse wohnte Andreas. Warmes Licht schien durch die Fenster und als sie eintraten, kam ihnen die warme Herzlichkeit der dort versammelten Menschen entgegen.

»Schalom Petrus!«, riefen Hanna, Andreas und Matthias fast im Chor. »Wie schön, dass du da bist!«

Hanna brachte Wasser, und bevor sich alle zu Tisch setzten, wuschen sie sich Hände und Füße, so wie es üblich war.

Petrus' Müdigkeit war verflogen. Er erzählte von vielen Begegnungen und Erlebnissen aus der Zeit, als er mit Jesus unterwegs gewesen war. Manchmal ging beim Erzählen das Temperament mit ihm durch, dann sprang er auf, als ob er selbst der blinde Bartimäus wäre, von dem er gerade erzählt hatte.

»Na, Matthias, habe ich dir zu viel versprochen?«, fragte Timo.

In diesem Moment krähte irgendwo ein Hahn. Petrus zuckte zusammen.

»Das war nur unser Hahn im Hof«, sagte Timo. »Wir wissen auch nicht, was mit ihm los ist. Seit einigen Tagen kräht er abends statt morgens. Nun erzähl weiter!«

Petrus schwieg.

Timo schaute ihn fragend an. So hatte er Petrus noch nicht erlebt. »Sag bloß, so ein Hahn kann dich durcheinander bringen!«

Petrus nickte. »Weißt du, Timo, es gibt Dinge im Leben, an die erinnert man sich nicht gerne, man möchte sie am liebsten aus seinem Leben streichen. Und doch ist es gut, sie nicht zu vergessen. Ich bin mit Jesus durchs Land gezogen, habe unheimlich viel gesehen und gelernt und wollte immer bei ihm bleiben, für ihn sozusagen durchs Feuer gehen. ›Ich bleibe bei dir, auch wenn alle anderen dich verlassen‹, habe ich getönt.

Aber als Jesus dann gefangen genommen wurde, blieb von meinen großen Tönen nichts übrig, gar nichts. Still und heimlich bin ich hinter den Soldaten und hinter Jesus hergeschlichen, bis ans Feuer im Hof.

Es war kalt, und ich wollte mich ein wenig am Feuer aufwärmen. Da sagte plötzlich jemand: ›Schaut euch den an! Gehört der nicht auch zu diesem Jesus von Nazareth?‹

Mir wurde auf einmal ganz heiß, und das lag nicht an dem Feuer. ›Nein‹, sagte ich und ging weiter. Da sprach mich schon wieder einer an und ich beteuerte: ›Nein, ich kenne diesen Menschen nicht, ich habe nichts mit ihm zu schaffen.‹ Als ich das dritte Mal abgestritten hatte, Jesus zu kennen, krähte der Hahn. Und ich erinnerte mich daran, was Jesus einmal zu mir gesagt hatte: ›Ehe der Hahn kräht, wirst du mich dreimal verleugnen.‹

Ich werde diesen Augenblick nicht vergessen, wie der Hahn

krähte und mir schlagartig klar wurde, dass ich kläglich versagt hatte. Ich ging weg und weinte bitterlich. Ich heulte meine ganze Angst, meine ganze Enttäuschung über mich selbst und mein Versagen in die dunkle Nacht hinein, und ich dachte, es würde nie mehr hell und ich könnte mich nie mehr freuen. Ich war total verzweifelt.«

»Und wie kommt es«, fragte Timo, »dass du wieder froh geworden bist und so viel von Jesus erzählst?«

»Ich konnte die Sache wieder in Ordnung bringen. D.h. ich selbst konnte es nicht. Aber Jesus hat es getan. Er hat mir all das Schwere, das wie ein drückendes Gepäckstück auf mir lastete, abgenommen. Er hat das sozusagen auf seinem schweren Weg in den Tod mitgenommen.

Und dann, am See Genezareth, als er uns als der Auferstandene begegnet ist, da hat er mich gefragt: ›Hast du mich lieb?‹ Dreimal hat er mich das gefragt.«

»Genau so oft, wie du gelogen hast?«, fragte Timo.

»Ja. Auch jetzt passieren mir manchmal Dinge, die ich nicht möchte, dass ich z.B. jemandem wehtue oder gemein bin. Obwohl ich das gar nicht will. Und dann kann ich im Gebet mit Jesus reden, manchmal auch meine Enttäuschung rausheulen und zu Gott schreien. Dann nimmt er mir all das ab, das wie schweres Gepäck drückt. Ich könnte es auch anders sagen: Er vergibt mir meine Schuld.«

In dieser Nacht brannte noch lange Licht in einer Gasse in Jerusalem, im Haus des Andreas.

Liedvorschläge

»Vergiss nicht zu danken«, JSL 35

»Ich sitze oder stehe«, JSL 161

»Es ist niemand zu groß«, JSL 147

3) Eine Kerze erzählt von glimmender Sinnlosigkeit und hoffnungsvollem Leuchten *(zu Jesaja 42,3b)*

(Eine große Kerze brennt schon, eine kleine, die in einem kleinen Ständer befestigt ist, wird in der Hand gehalten, siehe S. 83. Sie brennt noch nicht.)

Ich bin nur eine kleine Kerze, mit einem kleinen Docht. Schaut, wie schön die große Kerze dasteht, alle können sie sehen. Ihr Licht leuchtet sehr weit. Vielleicht darf sie als Osterkerze in der Kirche ganz vorne stehen, so dass alle Leute sie bewundern können.

(Die kleine Kerze wird nun angezündet, sie muss einige Minuten brennen, bevor sie ausgeblasen wird.)

Ich bin nur ein kleines Licht, unscheinbar, eine kleine Leuchte mit einem kleinen Docht. Die großen Kerzen brennen lange und spenden große Helligkeit. Ich bin nur ein kleines Licht, mit einem kleinen Docht. Wozu bin ich schon nütze?

Ich kann sehr gut die Menschen verstehen, die auch klein und unscheinbar sind, die vielleicht denken: Wozu bin ich überhaupt da? Mich beachtet ja doch niemand. Die anderen sind viel besser als ich. Ich bin z.B. keine große Leuchte beim Völkerballspiel. Ich werde wieder die Erste sein, die den Ball abkriegt und für die Mannschaft nur Miese reinholt.

Wer traut sich denn zu sagen: Ja, ich habe heute Nacht ein klein wenig Angst gehabt, als es draußen vor dem Zelt so raschelte.

Wer weiß denn, wie gerne ich in der Schule mutiger sein würde, auch mal andere Kinder zum Spielen einzuladen, ich aber immer denke: Ich hab ja doch nichts zu melden.

Oder ... *(Die Beispiele sind nur Anregungen. Sie müssen natürlich auf die zuhörenden Kinder hin formuliert sein.)*

(Die kleine Kerze wird ausgeblasen.)

Jetzt bin ich nur noch ein glimmender Docht und verbreite nur Gestank. Wozu bin ich noch nütze?

(Die Kerze braucht einige Sekunden, bis sie wieder aufflammt,

so lange muss man schweigen. Erst mit dem Aufflackern darf man weitererzählen.)

Gott denkt anders darüber. Er sagt: Ich will den glimmenden Docht nicht auslöschen. Du bist mir sehr wichtig. Du bist keine große Leuchte, das mag in den Augen der anderen so sein, aber du bist auch gerade mit deinem kleinen Licht sehr wichtig. Ich werde deinen glimmenden Docht nicht ausdrücken, wenn deine Flamme mal ausgegangen ist und du nicht mehr so viel Kraft hast. Ich gebe dir den Funken, der dein Leben neu entfacht, ich gebe dir Mut, wieder mit all deiner Kraft leuchten zu können.

Du magst nicht die Größte im Völkerballspiel sein, aber vielleicht bist du die wichtigste Person in deinem Zelt, weil du als Einzige gemerkt hast, dass ein Mädchen aus eurer Gruppe traurig ist – und du konntest sie trösten. Das hat keine andere mitbekommen, da hat keiner gestaunt wie über supertolle Bälle beim Völkerball. Aber gerade dein kleines Licht hat ein trauriges Gesicht wieder zum Leuchten gebracht. Das ist doch toll.

Gott sagt zu dir: Ich hab dich lieb, du bist mir unendlich wichtig. Ich werde den glimmenden Docht nicht auslöschen, sondern dein Licht entzündet sich immer wieder neu an meinen Hoffnungsfunken zum Leben.

Hinweise zum Erzählen

Es empfiehlt sich, die Erzählung zu Hause zusammen mit dem Anzünden der Kerzen auszuprobieren, um ein Gefühl für die Erzählgeschwindigkeit zu bekommen, so dass z.B. die entsprechenden Worte zum Wiederaufflammen der Kerze passen.

Material

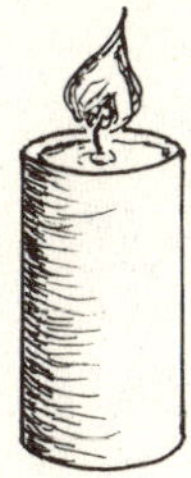

- eine große Kerze
- eine kleine »Wundergeburtstagskerze«
  (Die Kerze glimmt nach dem Ausblasen weiter und zündet sich nach einigen Sekunden wieder von selbst an. In Kaufhäusern ist sie oft bei den Scherzartikeln zu finden.)

Liedvorschläge

»Oft bin ich traurig«, JSL 165

»Du bist du« (Unser Kinderliederbuch, Nr. 307)

»Ich sing euch kein Lied von großen Leuten«, JSL 133

5. Sabbat
oder: Wie Herzen zu Ruhe und Gewissheit kommen

Ein Entwurf für einen festlichen Sabbat-Abend

»Schabbat Schalom«

»Schabbat Schalom« - mit diesen Worten begrüßt man sich jeden Freitagabend in Israel, wenn die ersten drei Sterne am Himmel zu sehen sind und der Sabbat beginnt. Das öffentliche Leben ruht, Busse und Bahnen bleiben in den Bahnhöfen und die Geschäfte sind geschlossen. Wenngleich dieser Tag in den großen Städten - ausgenommen Jerusalem - seine eigentliche Bestimmung als Tag der Ruhe und des Schalom Gottes stark eingebüßt hat und insbesondere von Jugendlichen zum Disco-Besuch genutzt wird, ist er doch aus vielen Familien nicht wegzudenken. Neben der religiösen Bedeutung - Erinnerung an die Befreiung aus Ägypten, die Schöpfung und das Ruhen Gottes und des Menschen am siebten Schöpfungstag - hat der Sabbat eine wichtige soziale und lebensprägende Wirkung. Die Unterbrechung des Alltags, sich wiederholende Rituale beim Sabbatmahl, gestaltete Ruhe, Gastfreundschaft - all das sind Gewohnheiten, die dem Leben eine gute Sicherheit geben. Die Jüdin Lea Fleischmann schreibt dazu in Erinnerung an ihre Kindheit:

»Während der Woche ist das Leben laut. Es wird geklagt und gejammert. Am Freitagabend ist alles anders. Es gibt keine Sorgen, keine Unruhe, kein Jammern und kein Stöhnen über das harte Los. Jeder Jude wird zum König und seine Stube zum Palast. Mag die momentane Situation noch so unsicher sein, mag man heute noch nicht wissen, was man morgen verdient - am Freitagabend wird man Kerzen anzünden und eine Sabbatmahlzeit halten. Das ist sicher. Irgendwie wird es mit Gottes Hilfe gehen. Irgendwie geht es immer. Gott verlässt uns nicht.«[6]

In einer Zeit, in der mit Geld fast alles ge- und versichert wird, erleben Kinder eine zunehmende Unsicherheit. Leben zerfließt in einer Beliebigkeit, alles ist gleich-(un)gültig, Beziehungen werden unverbindlich, Kinder sind sich ihrer Eltern nicht mehr sicher. Das verunsichert zutiefst. Längst wissen wir, wie wichtig feste Beziehungen, Gewohnheiten und menschliche Wärme für die Entwicklung gesunder Persönlichkeiten sind. So kann z.B. eine »Walkman-Oma« eine Geschichte erzählen, aber man kann sich nicht an sie ankuscheln oder ihr etwas von den Erlebnissen des Tages erzählen. Wer Freizeiten durchgeführt hat, weiß, wie wichtig die Gute-Nacht-Geschichte am Abend ist. Auch Gemeinschaftserlebnisse mit der Familie sind selten geworden, allenfalls sitzt man zusammen vor dem Fernseher. Sonntage sind oft ohne Form und Inhalt und deshalb langweilig, viel zu selten werden sie noch bewusst gestaltet.

Das Kennenlernen verschiedenster Elemente der Sabbat-Feier kann diese Defizite natürlich nicht beheben. Aber vielleicht ist sie z.B. während einer Freizeit für Kinder, Eltern und Mitarbeiter, ein Anreiz, neu über unsere Sonntagsgestaltung nachzudenken. Auf jeden Fall ist es wichtig, den Sabbat als einen wichtigen Teil jüdischen Glaubens und Lebens kennen zu lernen.

Wir als Christen können nicht einfach Sabbat feiern, denn wir gehören nicht zum jüdischen Volk. Aber wenn wir dieses besondere Fest kennen lernen, können wir den jüdischen Glauben besser verstehen. Vielleicht fallen uns für unser eigenes Leben neue Formen des gemeinsamen Feierns ein, um einen ruhelosen Sonntag in eine schöpferische Atempause zu verwandeln.

Karin und Wolfgang Vorländer haben aus der Begegnung mit der Sabbat-Feier in Israel das Sonntagsbegrüßungsfest entwickelt.

Wolfgang Vorländer schreibt:

»In unserer Familie haben wir uns Gedanken gemacht und feiern seit zwei Jahren an jedem Samstag ein kleines ›Sonntagsbegrüßungsfest‹. Es besteht aus einer kleinen Liturgie mit Liedern, Wochenspruch, Wochenpsalm usw. sowie aus einer festlichen Tafelrunde im geschmückten Esszimmer mit Blumen, Kerzen, schön gedecktem Tisch und gutem Essen. Dabei nehmen wir gleichzeitig Elemente des jüdischen Sabbats auf, z.B. Wein, Salz und weißes Brot, die auf dem Tisch stehen und an Gottes Reich und die Mühsal des Lebens erinnern.

Dieses Fest hat nicht nur die Bedeutung, dass es sich tief in die Erinnerung unserer Kinder einprägen wird und also ›nie verloren geht‹, sondern in den Formeln und Formen der Liturgie ist sozusagen das Volk Israel und die Kirche Jesu Christi mit gegenwärtig!«[7]

Der folgende Vorschlag ist etwas aufwendiger in der Vorbereitung, eignet sich aber sehr gut für Jungschar- oder Familienfreizeiten, gerade auch mit großer Teilnehmerzahl.

In der Spielszene »Sabbat bei Lydia« werden nicht nur Informationen über den jüdischen Ruhetag vermittelt, sondern auch eine Verbindung mit dem christlichen Ruhetag, dem Sonntag, hergestellt. Zwei »Welten« begegnen sich, dies kommt auch in den Personen der Spielszene zum Ausdruck: Die biblische Person Lydia und deren jüdische Zeitgenossen Hanna und Benjamin treffen auf Doris, eine junge Frau von heute. Der Zeitunterschied muss in der Kleidung deutlich werden: Hanna, Benjamin und Lydia tragen schöne Gewänder, z.B. purpurfarbene oder bunte Bettlaken (vgl. auch S. 36f), Doris könnte dagegen Jeans tragen.

In Lydias Leben spielen jüdischer und christlicher Glaube eine große Rolle (vgl. Apg. 16,14–15). Als Proselytin war sie zwar keine Jüdin, sie hielt sich aber an die jüdischen Gesetze und Feste. Weil sie Christin wurde, hatte der Auferstehungstag Jesu für sie eine besondere Bedeutung.

Die Spielszene versucht darzustellen, wie Lydia Sabbat und Auferstehungshoffnung gefeiert haben könnte. Übrigens feiern auch heute noch viele judenchristliche Gemeinschaften den Sonntag am Sabbat-Tag.

Die Kinder und Erwachsenen sollen während des »Abends bei

Lydia« nicht nur Zuschauer im Saal sein, sondern in das Geschehen des Sabbats hineingenommen werden: Auch sie zünden Kerzen an, essen Sabbatbrot und trinken Saft.

Im Anschluss an das festliche Abendessen kann - wie am Sabbat in jüdischen Familien - gesungen, musiziert und gespielt werden. Auf S. 95f gibt es weitere Anregungen zur Gestaltung des Abends.

Spielszene: Sabbat bei der Purpurhändlerin Lydia

Personen:

Lydia (L)
Hanna (H)
Benjamin (B)
Doris (D)

1. Szene: In der Boutique »Lydia - Pur«

Auf einer kleinen Bühne ist die Boutique der Lydia eingerichtet (Material siehe S. 103). Lydia hängt einige Kleider und Stoffe auf und dekoriert ihren Laden mit Rosen. Sie trägt ein purpurfarbenes Gewand, sie ist ja schließlich Purpurhändlerin.

Währenddessen erklingt das Lied der Lydia: »Ich habe den Duft der Rosen geliebt«. Gegen Ende des Liedes kommt eine Kundin (Doris) herein.

L: Schalom, was kann ich für Sie tun?
D: Schalom, ich würde mich gerne ein wenig umsehen.
L: Ja, bitte. Sehr gerne.
D: *(Nimmt einen besonders schönen Stoff in die Hand und betrachtet ihn genau. Dabei kommt L hinzu.)*
Das ist aber ein besonders schöner Stoff. Diese Farbe! Einfach brillant! Und er fühlt sich so angenehm an. Das muss eine sehr gute Qualität sein.

L: Ja, das ist einer meiner kostbarsten Stoffe.
Ich sehe, Sie haben einen Blick für gute Qualität und schöne Dinge. Das ist Seide aus Indien, mit Purpurfarbe gefärbt. Ich habe diese besondere Färbetechnik kennen gelernt, als ich noch in Thyatira lebte. Dort hatte ich auch eine gut gehende Boutique. Aber hier in Philippi, der berühmten Hafenstadt und dem Tor zu Europa, gibt es natürlich viel mehr Möglichkeiten, diese Kostbarkeiten zu verkaufen.
(Sie schaut zum Fenster raus, sieht drei Sterne!)
Oh, es ist schon spät. Es tut mir Leid, aber freitags schließe ich meine Boutique immer etwas früher. Freitags beginnt der Sabbat, sobald die ersten drei Sterne am Himmel zu sehen sind.

D: Sabbat? Soviel ich weiß, gehören Sie doch zur christlichen Gemeinde in Philippi. Wieso feiern Sie denn Sabbat? Das ist doch eigentlich ein Fest der Juden.

L: Ja, stimmt. Ach, das ist eine spannende Geschichte. Wissen Sie, das hat mit meiner Lebensgeschichte zu tun. Ich bin sozusagen die erste Christin hier in Philippi gewesen – und damit die erste Christin in Europa.
Aber vorher gehörte ich zur jüdischen Gemeinde. Nicht zur Kerngemeinde, nein, zu den so genannten »Proselyten«. Ich besuchte den jüdischen Gottesdienst, hielt auch die jüdischen Gesetze und feierte alle jüdischen Feste mit. Wenn Sie Zeit und Lust haben, würde ich Sie gerne zu mir nach Hause einladen. Freitagabends, am Sabbatbeginn, habe ich immer Gäste. Dann kann ich Ihnen noch ein wenig mehr erzählen. Ich würde mich freuen.

D: Das ist eine schöne Idee, und ich nehme die Einladung gerne an. Ich wollte immer schon mal mehr über den Sabbat wissen.

(Lydia schließt den Laden, sie gehen in die Wohnung nach nebenan. Dort erscheinen zwei andere Gäste in schönen Gewändern.)

2. Szene: Im Haus der Lydia

L: *(zu B und H)* Schabbat-Schalom. Ich freue mich, dass ihr gekommen seid und wir zusammen Sabbat feiern können.
(zu D) Darf ich vorstellen: Das sind Hanna und Benjamin aus Philippi.
(zu H und B) Das ist . . . oh, ich weiß Ihren Namen gar nicht.

D: Doris. Doris aus Nordrhein-Westfalen.

(D und L gehen etwas zur Seite.)

B: *(zu H)* Nord-rhein-west-fa-len? Habe ich noch nie gehört.

H: Ich auch nicht. Muss ziemlich weit weg sein. Und schau doch mal, Benjamin, was sie für interessante Kleider trägt!

B: Ich vermute, dass zwischen ihr und uns ein kleiner Zeitunterschied liegt. Aber das soll uns heute Abend nicht stören. Heute Abend haben wir alle Zeit der Welt. Heute ist Sabbat. Heute gehören wir uns selbst.

D: *(sieht den festlich gedeckten Tisch)* Das sieht aber schön aus! So ein festlich gedeckter Tisch! Überhaupt ist alles hier so schön rausgeputzt.

L: Vielen Dank. Der Sabbat wird bei uns wie eine Königin empfangen. Jede noch so einfache Wohnung verwandelt sich in einen kleinen Palast. So unterscheidet sich dieser Tag schon äußerlich von allen anderen Tagen der Woche. Hanna und Benjamin feiern Sabbat schon von Kindesbeinen an.

H: Ja, am Freitagabend ist alles anders. Alle Arbeit ist getan. Es wurde gekocht, gebacken und aufgeräumt, die beste Tischdecke aufgelegt und der Sabbat-Tisch hergerichtet: Zwei Kerzen, Wein, weißes Sabbatbrot *(unter einer weißen Serviette),* Salz und eine kleine Gewürzdose erwarten dann die Familie. Ich kann mich noch sehr gut an meine Kindheit erinnern. Während der Woche war es laut und hektisch, am Freitagabend jedoch war alles anders. Mochte das Leben auch noch so schwierig sein, mir Angst machen und mich verunsichern – eines war sicher: Am Freitagabend würde man Kerzen anzünden und eine Sabbatmahlzeit halten. Das war sicher und gab mir Sicherheit. Dann wurde mein Blick ganz von den Sorgen des Alltags weggelenkt.

(L, D, H und B setzen sich an den gedeckten Tisch.)

B: Jeden Freitagabend, nach Sonnenuntergang, wenn die ersten drei Sterne am Himmel zu sehen sind, beginnt der Sabbat zu leuchten. Dann werden überall in den Häusern Sabbat-Kerzen angezündet. Das ist die Aufgabe der Frau des Hauses.
(Hanna zündet inzwischen die Kerzen an, währenddessen spricht B. weiter.)
Mit den Kerzen schmelzen die Sorgen der Woche dahin. In jeder Familie spricht dann die Mutter ein Gebet. Dabei hält sie sich die Hände vor das Gesicht und öffnet sie dann weit über den Kerzen. So kann sich das ganze Sabbatlicht ausbreiten.

H: Gepriesen seist du, Ewiger, unser Gott, König der Welt, der du uns befohlen hast, das Sabbatlicht zu entzünden. Wir danken dir als Gemeinschaft für dieses Zusammensein in Frieden und Freiheit.
Wir denken an unser Land und bitten dich für die Welt, die dir als Schöpfer gehört und die uns anvertraut ist. Segne uns und leite uns, lass uns in Erwartung auf dein Nahsein und dein Kommen diesen Abend erleben.

B: Überall in den Familien werden ungefähr zur gleichen Zeit die Sabbatkerzen angezündet. Würde man die Dächer der Häuser abheben, erschiene unser Städtchen in einem Meer von flackernden Kerzen, wie ein großer Saal, in dem an vielen Stellen Lichter brennen.

(In den Kleingruppen werden die Sabbatlichter angezündet.)

H: Dann spricht der Vater das »Sh'ma Israel«.

B: Höre Israel, ER, unser Gott, ist ein einziger Gott. Und du sollst lieben, IHN, deinen Gott, von ganzem Herzen, von ganzer Seele und mit all deiner Kraft und deinen Nächsten wie dich selbst.

H: Und zu Wein und Brot sagt er:

B: Dank sei dir, Herr der Welt, dass du Wein wachsen lässt und das Herz der Menschen erfreust. Den Becher der Freude, der an die Befreiung erinnert, will ich erheben und den Namen des Herrn anrufen. Er war einst die Freude seines Volkes und so soll es auch für uns sein!

(B trinkt, ebenso die im Saal Anwesenden.)

B: *(nimmt das Brot)* Danke, Herr, dass du das Korn wachsen lässt, das uns kräftigt.

(B isst Brot und Salz, so auch die anderen.)

L: Das sind wichtige Elemente des jüdischen Sabbat-Abends, der an die Befreiung aus Ägypten, die Schöpfung und an das Ruhen Gottes und des Menschen erinnert.
Der Sabbat ist ein Geschenk Gottes.
Und für uns Christen ist die Auferstehung auch ein Geschenk Gottes an uns. Ich möchte es so sagen: Die Sabbatruhe und der Auferstehungstag, also der Sonntag, sind ein Vorgeschmack der künftigen Welt Gottes, wenn wir im inneren und äußeren Frieden, dem Schalom, leben werden!

D: Das ist ja sehr interessant. Sabbat und Sonntag unterbrechen unseren Alltag, so dass wir uns auf Gott und unser Leben besinnen können. Ich kann mir gut vorstellen, dass diese besondere Form des Feierns auch hilft, sich vom Alltag abzugrenzen und Kraft und Hoffnung aus Gott zu schöpfen.

L: Ja. Als Geschäftsfrau könnte ich denken: »O weh, was mache ich freitagabends für einen Verlust, wenn ich meinen Laden so früh schließe.« Aber ich spüre, wie gut mir diese Unterbrechung tut, wie schön es ist, Zeit zu haben - zum Essen, Trinken, Musizieren und Spielen.

D: Unsere Sonntage sind oft sehr langweilig, weil wir sie nicht bewusst gestalten. Oder sie werden durch die Angebote der Freizeitindustrie bis zur letzten Minute verplant und mit einem ungesunden Aktivismus voll gestopft.
Schön finde ich auch, dass der Sabbat schon am Vorabend, also am Freitag, anfängt.

H: Ja, das ist eine gute Einstimmung. Der Abend hilft, zur Ruhe zu kommen. Der Sabbat geht bis zum Samstagabend, bis wieder die ersten drei Sterne am Himmel zu sehen sind. Dann verabschieden wir die »Königin Sabbat«. Alle riechen kräftig an dieser Dose *(zeigt die Dose)* mit den stark riechenden Gewürzen. Jeder soll etwas von dem Duft des Sabbat mit in die nächste Woche nehmen. Mit »Shawua tow« wünschen sich alle »eine gute Woche«.

D: Es ist schön, dass ich etwas vom jüdischen Sabbat kennen lernen durfte. Einiges werde ich gewiss für die Gestaltung meiner Sonntage verwenden können. Ich kann mir gut vorstellen, den Sonntag mal am Samstagabend beginnen zu lassen, und ihn - ähnlich wie den Sabbat - zu begrüßen. In solch einem »Sonntagsbegrüßungsfest« könnten sich Elemente des jüdischen Sabbat und des christlichen Glaubens verbinden: Ein festlich gedeckter Tisch, Blumen, Kerzen, schöne Musik und ein gutes Essen schaffen eine gute Atmosphäre. Hefezopf, Salz und Saft erinnern an die Mühsal und Freude des Lebens. Und Gott begegnet uns z.B. im Wochenspruch oder in den österlichen Texten der Hoffnung. Das wird bestimmt ein richtiger Mutmachabend!

L: Jetzt wollen wir uns aber ans Abendessen machen. Schließlich wollen wir nachher ja noch gemeinsam singen und spielen.

(Es folgt das Abendessen in den Kleingruppen.)

Von kichernden Erbsen und scharfen Tomaten – ein israelisches Abendessen

Man kann natürlich ein normales, festliches Abendessen kreieren, z.B. mit vielen frischen Salaten, Käse und gutem Brot. Ein Falafel-Essen ist jedoch etwas Besonderes. Die folgenden Rezepte dazu sind gar nicht so schwer! Viele Kinder mögen Fladenbrot, in das Gurken- und Tomatenscheiben gefüllt werden, auch probieren sie gerne die frittierten Falafelbällchen.

Als Nachtisch könnte es Früchte aus Israel geben.

Kichererbsenbällchen

2 Tassen gekochte Kichererbsen
- Erbsen mit Wasser bedeckt über Nacht einweichen,
- dann 1 ½ Std. kochen,
- mit etwas Kochflüssigkeit pürieren.

¼ Tasse Zitronensaft
3 Essl. gehackte frische Korianderblätter oder Petersilie
1 ½ Teel. zerstoßene rote Chilis (evtl. Chiligewürz)
Kümmel, Salz, viel Knoblauch (frisch)
Paniermehl
1-2 Eier
- Gewürze zugeben und abschmecken,
- Eier und Paniermehl zugeben und ca. ½ Std. ruhen lassen,
- Bällchen formen (geht am besten mit dem Eisportionierer),
- frittieren oder in der Pfanne mit viel Fett backen.

Sollten die Bällchen zu weich sein, Paniermehl oder Mehl zugeben. Falls sie zu fest werden, etwas Backpulver unterrühren.

Scharfe Tomatentunke

2 große reife Tomaten (sollten gehackt ca. 1 ¼ Tassen ergeben)
4 Essl. fein gehackte frische Korianderblätter
(ersatzweise glatte Petersilie)
1 eingelegte extrascharfe Chilischote
4 Essl. gehackte Zwiebeln
1 Essl. Essig
Salz nach Geschmack (etwa ½ Teel.)
fein gewiegter Knoblauch (nach Belieben)

Die Tomaten ziemlich fein hacken und mit den Korianderblättern vermischen. Die Chilischote enthäuten, von den Samen befreien und fein hacken. Gut mit den Tomaten vermengen, dann Zwiebeln, Essig und eine reichliche Prise Salz zufügen. Nach Geschmack noch den Knoblauch dazumischen und bei Bedarf etwas mehr Salz.

Kalt servieren.

Ergibt 1 ½ Tassen.

Taratoursauce (saure Sesamsauce)

1 Tasse Tahini (Sesambutter, in türkischen Geschäften zu kaufen)
3 große Knoblauchzehen, zerdrückt oder fein gehackt
$^1/_2$ Tasse frischer Zitronensaft
1 Teel. Salz
$^1/_2$ Tasse kaltes Wasser

In einer tiefen Schüssel das Tahini mit dem Knoblauch vermischen. Unter Schlagen den Zitronensaft, Salz und Wasser hinzufügen. Wenn die Sauce noch erheblich fester ist als Mayonnaise, esslöffelweise mehr Wasser darunterschlagen, bis sie einer ziemlich steifen Mayonnaise ähnelt.

Nach Wunsch mit mehr Salz oder Knoblauch abschmecken.

Ergibt etwa 2 Tassen.

Hommos Bi Tahini (Kichererbsen-Sesam-Paste)

3 Tassen gekochte Kichererbsen (ein wenig Kochflüssigkeit für späteren Gebrauch aufbewahren)
2 große Knoblauchzehen, zerdrückt oder fein gehackt
5 Essl. frischer Zitronensaft
1 $^1/_2$ Teel. Salz, nach Geschmack mehr
$^3/_4$ Tasse Taratoursauce (siehe oben)
1 Essl. Olivenöl
ungefähr 2 Essl. frische Korianderblätter (notfalls auch glatte Petersilie) - Noch besser: mit mehr Knoblauch!

Die Kichererbsen in einer großen Schüssel zu Brei zerstampfen oder durch ein grobes Sieb pressen.

Den zerdrückten Knoblauch dazurühren und mit dem Schneebesen Zitronensaft, Salz und die Taratoursauce darunterziehen. Das Hommos sollte eine ähnliche Konsistenz wie Mayonnaise haben und leicht zu streichen sein. Wenn es zu fest ist, nach und nach ein paar Löffel Kichererbsenbrühe hineinschlagen, bis die Paste die erwünschte Beschaffenheit hat.

Die Paste wird abgekühlt oder zimmerwarm auch zu Kräckern oder Fladenbrot serviert.

Lieder aus Israel

Einfache israelische Lieder, wie z.B. »Hevenu shalom« oder »Hinne ma tov«, sind in vielen Liederbüchern zu finden.

Weitere schöne und nicht allzu schwere Lieder sind in dem Liederheft »Shiru L'adonai« abgedruckt, zu dem es auch eine Lernkassette gibt.[8]

Spiele

Als Spiele eignen sich in den Kleingruppen natürlich alle Gesellschafts- und Brettspiele. Gemeinschaftsfördernd, auch in größeren Gruppen, sind beispielsweise Würfelspiele mit großen Schaumstoffwürfeln:

Bewegungswürfel

Alle sitzen im Stuhlkreis zusammen und es wird gewürfelt, entweder nur vom Spielleiter oder von demjenigen, der dem Würfel am nächsten sitzt. Je nachdem, welche Zahl gewürfelt wird, müssen von allen folgende Bewegungen gemacht werden:

1 = rechtes Bein hoch
2 = beide Beine hoch
3 = beide Beine und rechter Arm hoch
4 = beide Beine und beide Arme hoch
5 = beide Beine und beide Arme hoch und gleichzeitig die Zunge herausstrecken
6 = aufstehen, 2-mal mit der Zunge schnalzen und 2-mal mit dem Po (linke Hüfte, rechte Hüfte) wackeln.

Zoowürfel

Die Würfelseiten werden mit Papier beklebt und mit Tieren bemalt. Nun muss man entsprechend dem gewürfelten Tier die Laute dieses Tieres nachmachen.

Reaktionswürfel

Der Spielleiter nimmt den Würfel, wirft ihn einem Mitspieler zu und ruft ihm eine Frage zu wie z.B.: »Frauenname mit C!«. Der Angesprochene muss ganz schnell antworten. Dann wirft er den Würfel dem Nächsten zu und stellt ihm eine neue Frage (z.B. Männername mit L, etwas Grünes, etwas Langes, etwas Heißes . . .). So geht es immer im Kreis herum.

Hierbei sollte einem Spieler nie das unangenehme Gefühl von Nichtkönnen oder Versagen vermittelt werden. Deshalb sollte der Spielleiter immer wieder einmal laut rufen: »Helft ihr/ihm!«

Kreuzworträtsel zu Israel

Das folgende Kreuzworträtsel kann mit Hilfe der Israel-Karte (siehe S. 99) in Kleingruppen gelöst werden. (Das staatliche israelische Fremdenverkehrsbüro in Frankfurt/a.M. z.B. versendet übrigens kostenlos weitere Landkarten und Poster von Israel.)

Fragen	*Lösungen*
1 Angrenzender Staat	1 Libanon
2 Berühmte Stadt am Toten Meer	2 Jericho
3 Stadt westlich des Toten Meeres	3 Beerscheba
4 Ehemalige römische Festung am Toten Meer	4 Masada
5 Gewässer in Galiläa (2 Wörter)	5 See Genezareth
6 Angrenzender Staat	6 Syrien
7 Flughafen (2 Wörter)	7 Ben Gurion
8 Stadt am See Genezareth	8 Tiberias
9 Geburtsort Jesu	9 Bethlehem
10 Angrenzendes Meer im Westen	10 Mittelmeer
11 Stadt am Roten Meer	11 Elat
12 Angrenzender Staat	12 Jordanien
13 Berühmter Fluss	13 Jordan
14 Wüste	14 Negev
15 Gewässer in Judäa (2 Wörter)	15 Totes Meer
16 Wüste	16 Juda
17 Gebirgszug, an Haifa angrenzend	17 Karmel
18 Angrenzender Staat	18 Ägypten
19 Internationaler Hafen	19 Haifa
20 Heilige Stadt für drei Religionen	20 Jerusalem
21 Gebirgszug in Galiläa	21 Golan

Lösungswort mit 15 Buchstaben: SCHABBAT SCHALOM

Kopiervorlagen

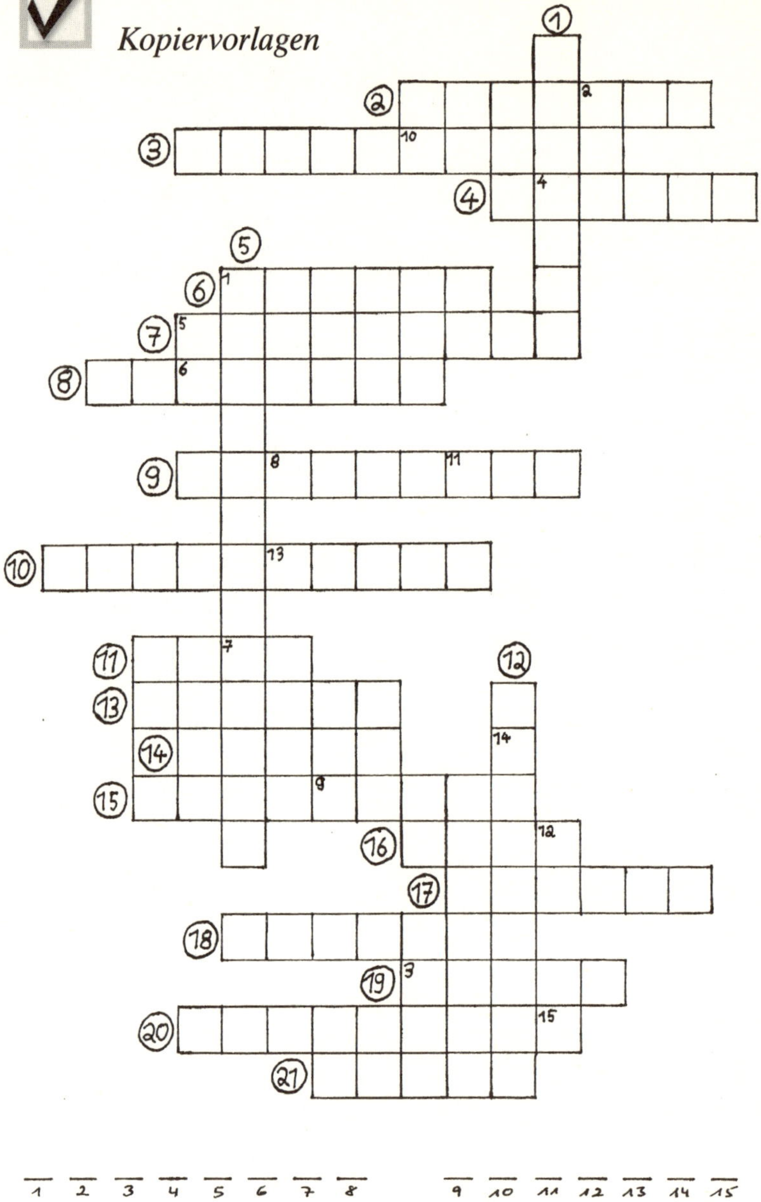

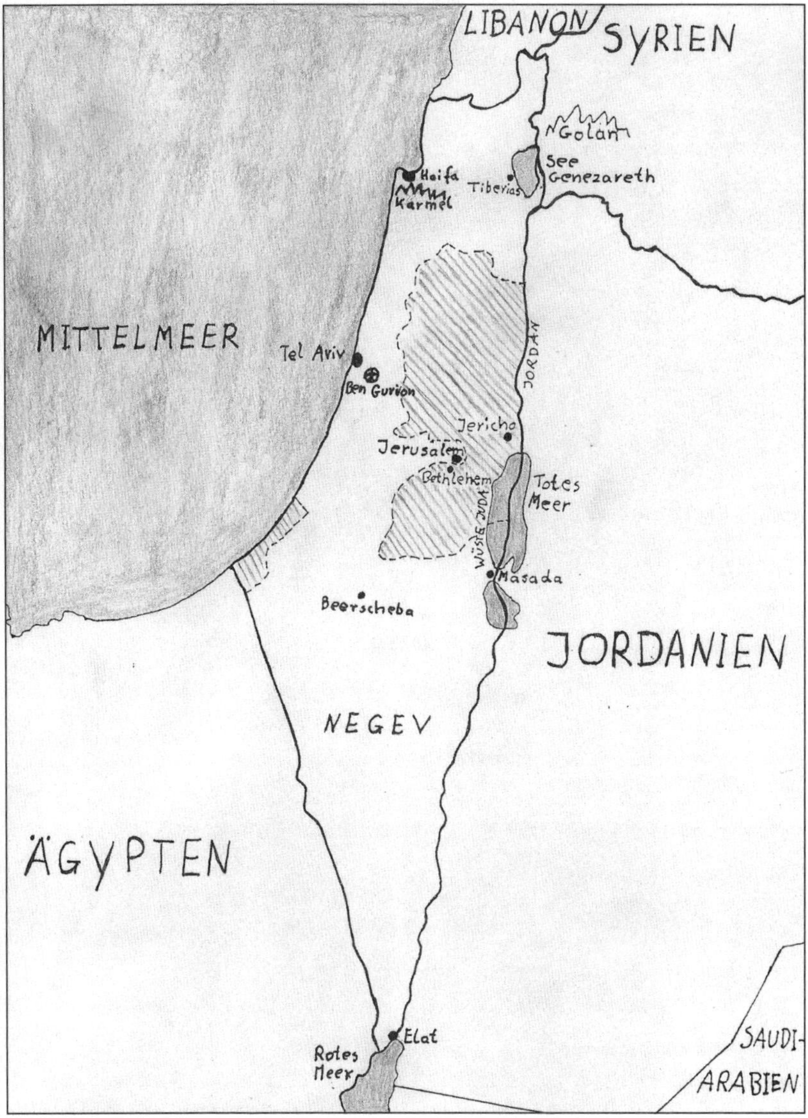
LIBANON
SYRIEN
Golan
See
Genezareth
Haifa
Karmel
Tiberias
MITTELMEER
Tel Aviv
Ben Gurion
JORDAN
Jericho
Jerusalem
Bethlehem
Totes
Meer
WÜSTE JUDA
Masada
Beerscheba
JORDANIEN
NEGEV
ÄGYPTEN
Elat
Rotes
Meer
SAUDI-
ARABIEN

Ein Kind erlebt den Sabbat

Der folgende Brief enthält kindgemäße Informationen zum Sabbat und kann deshalb gut zur Vertiefung im Rahmen des Abends vorgelesen werden.[9]

Liebe Tabea,
nun gehen die Ferien bald zu Ende. Ich bin schon zwei Wochen bei meiner Tante zu Besuch. Es ist sehr schön hier, vor allem deshalb, weil ich eine prima Freundin gefunden habe, Esther heißt sie. Wir spielen fast jeden Tag zusammen oder schwimmen im See.

Einmal hat Esther mich zu sich nach Hause eingeladen. Am Nachmittag erzählte sie, dass sie heute Sabbat feiern würden und ich herzlich eingeladen sei.

Ich rief sofort meine Tante an und fragte, ob ich bei Esther übernachten dürfte, heute sei Sabbatabend. Esther erklärte meiner Tante, dass der Sabbat schon am Freitagabend beginnt und bis Samstagabend geht. Meinc Tante war einverstanden.

Ich war sehr neugierig und fragte Esther, warum sie Sabbat feiern.

»Wir feiern die Erschaffung der Welt. Du weißt doch, Gott erschuf die Welt in sechs Tagen, am siebten Tag ruhte er, und so soll auch der Mensch an diesem Tag nichts tun. Wir hoffen, dass heute und eines Tages alle Menschen friedlich miteinander umgehen, sich nicht mehr streiten und Hass und Bösartigkeiten vergessen«, antwortete meine Freundin.

Als wir ins Wohnzimmer gingen, war alles blitzblank und aufgeräumt. Zwei Kerzen standen auf einem weißen Tischtuch, Blumen lagen am Platz der Mutter, jeder hatte ein silbernes Becherchen an seinem Platz, und auf dem Platz des Vaters stand, mit einem weißen Tuch verdeckt, ein Tablett.

Ich schaute auf die Uhr und erinnerte mich, dass jetzt ein toller Film im Fernsehen lief, den ich zu gerne gesehen hätte. Ich fragte Esther, ob sie den Film auch sehen wolle. Esther lehnte energisch ab: »Am Sabbat gibt es für uns kein Fernsehen, kein Radio oder Telefon noch irgendeine Arbeit. Am Sabbat gehören wir uns selbst.«

Der Vater kam ins Wohnzimmer. Er hatte einen langen Gebetsschal über den Schultern hängen, mit zwei eingearbeiteten schwarzen Streifen.

Die Mutter ging an ihren Platz und zündete zwei Kerzen an. Dann sang sie ein jüdisches Lied und bedeckte ihr Gesicht mit den Händen.

Der Vater schenkte uns Wein ein und sprach einen Segensspruch. Dann tranken wir von dem Wein. Esthers Vater deckte das Tablett auf - zum Vorschein kamen Zopfbrote. Er brach Stücke davon ab und gab sie uns zu essen. Das war ein sehr leckeres Brot. Eine kleine Gewürzdose stand auch noch auf dem Tisch.

Es war so behaglich und ruhig und ich fühlte mich im Glanz der Kerzen richtig geborgen. Später am Abend hat Esther noch geflötet, anschließend haben wir mit der ganzen Familie ein tolles Gesellschaftsspiel gespielt. Den Spielfilm im Fernsehen hatte ich vergessen.

Als ich am anderen Morgen aufstand, war die Familie schon in der Synagoge gewesen, wo die Thora gelesen und ausgelegt wird. Bis zum Mittagessen spielte ich mit Esther und ihrer Schwester auf der Wiese. Zum Mittagessen gab es ein Gericht aus der Wärmekiste, denn auch die Mutter sollte an diesem Tag nicht arbeiten müssen. Es war Pudding.

Ähnlich wie gestern Abend war alles sehr feierlich. Nach dem Mittagessen musste ich zurück zu meiner Tante. Schade, ich wäre gerne noch geblieben.

Esther erzählte mir noch, dass sie am Abend auch etwas essen würden, das am Vortag vorbereitet worden war. Am Ende des Sabbats würde eine dicke geflochtene Kerze angezündet und anschließend in einer kleinen Weinlache auf einem Tablettchen gelöscht, verbunden mit der Hoffnung, es möge wieder eine gute Woche werden. Jeder durfte vorher noch einmal an der kleinen Gewürzdose vom Geruch des Sabbats schnuppern, um ihn in guter Erinnerung zu behalten.

Nach den Ferien werde ich dir Bilder von Esther und ihrer Familie zeigen.

Viele Grüße, Deine Wiebke

Praktische Tipps

Das Lied der Lydia »Ich habe den Duft der Rosen geliebt«, das zu Beginn der Spielszene zu hören ist, stammt aus dem Paulus-Oratorium von Siegfried Fietz und handelt von ihrer Bekehrung. Wenn ihr dieses Lied nicht bekommen könnt, tut's auch leichte klassische Musik.

Meiner Erfahrung nach ist es sehr wichtig, eine große Gruppe in möglichst bunt gemischte Kleingruppen von ca. 6-8 Personen einzuteilen.

Material

1. Dekoration für die Bühne:

- 4 große Säulen, die das Haus der Lydia andeuten
- 1 Trennwand (Stellwand), die zum Abtrennen von Boutique und Wohnzimmer dient
- große, farbige Stoffe, die über der Stellwand locker herunterhängen
- Stereoanlage, Musik

2. Dekoration für die Boutique:

- Ladenschild »Boutique Lydia - Pur«
- Kleiderständer zum Aufhängen verschiedener Ausstellungsstücke (Gewänder)
- viele schöne Stoffe
- schöne Kissen
- großer Krug mit Rosen

3. Dekoration für das Wohnzimmer:

- kleine Sitzecke mit Tischen und Stühlen
- bunte Decken/Tücher
- weißes Tischtuch
- Sabbat-Elemente:
    - süßes, helles Brot (Hefezopf)
    - Servietten zum Abdecken
    - Wein (roter Saft)
    - pro Person 1 Becher
    - Salz
    - Streichhölzer
    - Dose mit Gewürzen

4. Dekoration für den Saal:

- Tische und Stühle sind in Kleingruppen für je 6-8 Personen zu stellen und festlich zu gestalten
- es ist wichtig, dass die Sabbat-Elemente auf allen Tischen vorhanden sind

5. Material für die Spiele:

- Gesellschaftsspiele
- Papier, Stifte, Tesa
- Kreuzworträtsel und Israel-Landkarte in ausreichender Stückzahl

6. Ungewöhnliche Begegnungen oder: Herzensnahrung für Mitarbeiterinnen

Texte zur persönlichen Besinnung

Begegnung mit Gott

Alles wirkliche Leben ist Begegnung – Begegnung, die zu Herzen geht, bei der das Herz hört und versteht.

Die Bibel ist voller Geschichten über das wirkliche Leben, spannend und ungewöhnlich erzählt, nach-denkenswert bis zum heutigen Tag. Es gibt kein Schema, wie Gott Menschen begegnet ist oder ihnen heute begegnen will – genauso wenig können wir eine Methode einsetzen, um ihm zu begegnen. Gottes Begegnungen mit den Menschen sind bestimmt von seiner Liebe, die voller Phantasie ist und kein Risiko scheut.

Gott riskiert, missverstanden zu werden – die Kirchengeschichte ist voll von solchen Missverständnissen. Wirkliche Begegnung und somit wirkliches Leben sind nicht ohne Wagnis zu haben. Maria, König Salomo, die Jünger und viele andere hätten sicher Bücher über solchen Wagemut schreiben können, über die damit verbundenen Ängste, aber auch über die dadurch neu gewonnenen Lebensperspektiven.

Geht man den Entwicklungen im Leben dieser biblischen Figuren nach, so entdeckt man Fragestellungen, die für unser eigenes Leben wichtig werden können. So kann z.B. aus der Begegnung zwischen Gott und König Salomo eine Begegnung zwischen Gott, König Salomo, mir und einigen meiner Lebensfragen werden. Das ist das Geheimnis biblischer Geschichten: Wenn ich mich ganz auf sie einlasse, können sie mit ihren Urwahrheiten zum Teil meiner persönlichen Geschichte und mir zur Lebenshilfe werden. Dass mir dabei Gott selbst begegnen möchte, ist eine Verheißung, die sich immer wieder erfüllt.

Und so sind die folgenden vier Texte in erster Linie für euer Herz bestimmt, zum Nachdenken, Kraft schöpfen und sich freuen und um neue Begegnungen zu wagen. Vielleicht regen sie euch an, andere Bibeltexte ähnlich phantasievoll zu gestalten oder sie in Mitarbeiterkreisen lebendig werden zu lassen.

Auf den ersten Blick erscheint die Vorstellung etwas ungewöhnlich, König Salomo auf der Königstraße in Stuttgart zu treffen, der Jüngerin Johanna im Mitarbeiterkreis in Neviges zu begegnen, Maria über den Dächern Jerusalems einen Brief zu schreiben oder einem Löwenzahn zu lauschen. Solch eine Kontaktaufnahme ist eine tolle Möglichkeit, biblischen Personen zu begegnen, sie zu befragen, was sie gefühlt oder gedacht haben, und die eigenen Gedanken und Zweifel mit einzubringen. Bei aller Phantasie ist es wichtig, nah am Text zu bleiben. Auch dann bleibt viel Raum, diese »alten Geschichten« aktuell und lebendig werden zu lassen, dass sie zu Herzen gehen. Die Erzählungen zu 1. Könige 3 und Lukas 2 sind übrigens eine gute Vorbereitung für die Bibelgeschichten in Kapitel 1 und 3.

1) König Salomos Herz mit Ohren (1. Könige 3,5-15)

Ein Gespräch mit dem König in Stuttgart

»Nächster Halt: Schlossplatz«, ertönt es in der U-Bahn. Ich schwinge meinen Rucksack über die Schulter und steige aus. Ein bisschen aufgeregt bin ich schon. Man trifft sich ja nicht alle Tage mit einem

König auf der Königstraße. Die Rolltreppe spuckt mich mit vielen anderen Menschen aus der unterirdischen Welt aus, und ich stehe im hellen Sonnenlicht.

Wo wollten wir uns noch treffen? Suchend schaue ich mich nach der riesigen Buchhandlung um, einer meiner ersten Orientierungspunkte in dieser Stadt. Die Menschen eilen an mir vorüber. »Wie soll ich ihn bloß finden?«, frage ich mich. »Wir hätten besser ein Erkennungszeichen ausmachen sollen.«

Langsam schlendere ich weiter. Ich versuche, Blickkontakt mit den mir entgegenkommenden Menschen aufzunehmen. Keine Chance. Schnellen Schrittes und mit einem leeren Blick eilen sie an mir vorüber.

»Sie werden doch wohl nicht schon Anfang Oktober im Weihnachtsgeschenkestress sein«, denke ich. Allerdings halte ich es nicht für unmöglich, denn ich habe schon die ersten Lebkuchenpäckchen in den Geschäften entdeckt. Eine verrückte Zeit. Vielleicht schreiben die Kinder schon ihre Wünsche auf, vielleicht auf Endlospapier, oder sind sie wunschlos unglücklich, weil sie in einer Zeit der erfüllten Wünsche leben?!

Plötzlich muss ich lachen. Da steht ein Mann so dicht am Schaufenster, dass er fast seine Nase daran platt drückt – wie ein Kind. Ein seltenes Bild, dazu noch schön anzuschauen. Nach einer Weile tritt der Mann einen Schritt zurück. Sein Blick ruht auf einem großen Kalender, auf dessen Titelblatt die Klagemauer von Jerusalem zu sehen ist. Fast sehnsuchtsvoll schaut er sie an.

»Na klar«, schießt es mir durch den Kopf. »Das kann nur König Salomo sein!« Wie er dieses Bild anschaut! Es hat ja immerhin mit seinem Tempel zu tun, den er vor vielen, vielen Jahren bauen ließ (auch wenn die auf dem Kalender abgebildete Klagemauer aus Herodes' Zeit stammt – die Erinnerung an den salomonischen Tempel liegt auf der Hand und tut dieser rührenden Szene keinen Abbruch . . .).

Ich nehme meinen ganzen Mut zusammen und spreche ihn an. »Entschuldigung, es ist etwas ungewöhnlich, dass ich Sie so einfach anspreche, aber ich bin mit einem besonderen Menschen verabredet, und als ich Sie gerade so versunken dastehen sah, dachte ich: So kann nur einer dieses Bild anschauen – König Salomo.«

»Sie haben Recht. Es hat mich einfach überrascht, hier in diesen übervollen Schaufenstern etwas von mir zu entdecken. Und es hat mich natürlich berührt, dass diese Steine des Jerusalemer Tempels sozusagen heute noch eine Rolle spielen.«

»Nicht nur diese Steine«, antworte ich, »sondern auch Sie selbst. Ich freue mich, dass ich Sie gefunden habe und Sie bereit sind, mit mir über ›Herzensangelegenheiten‹ zu sprechen.«

»Das haben Sie aber sehr schön formuliert. Ich vermute, dass wir richtig arbeiten müssen, um dieses Thema so aufzurollen, dass es von den Menschen heute verstanden und gleichzeitig den Erzählern meiner Geschichte in der alten Tradition Israels gerecht wird.«

»Dann lassen wir doch die beiden Welten aufeinander treffen, König Salomo, vielleicht bei einer Tasse Kaffee am Schlossplatz?«

»Gerne«, antwortet der König. Wir finden einen sehr schönen Platz, von dem aus wir das Treiben auf der Königstraße beobachten können.

»Bei dem Stichwort ›Herzensangelegenheiten‹«, beginnt König Salomo, »werden wohl die meisten Menschen, die dort unten vorübergehen, an Liebe oder Liebeskummer denken, jedenfalls an Gefühle.«

»Das vermute ich auch. Vielleicht denken einige Wenige an das körperliche Organ Herz und an unsere Stresskrankheit Herzinfarkt, doch die meisten werden Gefühle und Gemütsstimmung damit verbinden. Hat ›Herz‹ für Sie auch diese Bedeutung?«

»Im alten Israel und in den entsprechenden Schriften Ihres Alten Testaments wird ›Herz‹ ganz selten anatomisch verstanden. Manchmal steht es für den Sitz bestimmter Gemütsstimmungen wie Freude und Kummer oder auch Mut und Angst. So heißt es von Menschen, die mutlos geworden sind: Ihr Herz zittert wie Laub im Winde (Jes. 7,2) oder es zerfließt wie Wachs (Ps. 22,15). Aber viel häufiger hat ›Herz‹ eine ganz andere Bedeutung. Sie mag Ihnen zunächst einmal fremd erscheinen, weil es um Funktionen geht, die Sie größtenteils dem Kopf bzw. dem Gehirn zuschreiben: Erkenntnisvermögen, Vernunft, Verstehen, Einsicht, Bewusstsein, Nachdenken, Urteilen, Orientierung. So, wie die Augen zum Sehen und die Ohren zum Hören bestimmt sind, ist das Herz zum Verstehen da.«

»Das ist wirklich ein fremder Gedanke für uns Kopfmenschen im ausgehenden 20. Jahrhundert«, bestätige ich. »Können Sie das vielleicht noch ein wenig deutlicher machen?«

»Ich will einfach ein paar Beispiele nennen. Vielleicht ändert sich dann auch das Bild, das viele Menschen haben, ich meine den falschen Eindruck, dass der biblische Mensch mehr vom Gefühl und weniger von der Vernunft bestimmt ist und Gott und Glaube etwas fürs Gefühl und weniger für gute Entscheidungen und klare Orientierung im Leben sind.

So bedeutet z.B. in der Bibel

- das Herz stehlen: jemanden um die Einsicht bringen (1. Mose 31,20);
- Mangel an Herz: Gedankenlosigkeit (nicht Gefühlskälte);
- sie sprechen nicht darüber zu ihrem Herzen: Sie denken nicht nach (Hos. 7,2);
- ohne Herz: ohne klares Orientierungsvermögen (Hos. 7,11);
- zum Herzen reden: zum Entschluss bewegen (Jes. 40,2).

Im Herzen vollzieht sich also das Denken, Durchdenken und dann aber auch das Wollen. Es ist das Zentrum des bewusst lebenden Menschen.«

»So habe ich das noch nie gesehen«, falle ich König Salomo ins Wort. »Jetzt bekommt auch diese Erzählung über Sie, wegen der ich mich ja mit Ihnen getroffen habe, eine ganz neue Dimension. Sie haben sich von Gott ein ›gehorsames Herz‹ gewünscht. Ein mit Macht ausgestatteter König darf sich etwas wünschen, und Sie wünschen sich ›nur‹ ein Herz mit Ohren. Was sich wohl die heutigen Mächtigen dieser Welt wünschen würden? Es hat mich an Ihrer Geschichte schon immer fasziniert, dass Sie sich nicht mehr Geld, mehr Macht, Gesundheit oder die Köpfe Ihrer Gegner gewünscht haben.«

»Das hört sich jetzt so toll an. Es gibt aber auch nicht ganz so rühmliche Kapitel in meinem Leben, z.B. meine persönlichen

Frauengeschichten oder die dunklen Machenschaften bei meiner Thronbesteigung. Ich will das an dieser Stelle nur kurz einflechten, damit nicht das Bild eines Heiligen entsteht. Aber, wie Sie schon sagten, in jener Traumbegegnung mit Gott habe ich mir ein gehorsames Herz gewünscht, und wenn Sie überlegen, welchen ›Sitz im Leben‹ das Herz im hebräischen Denken hat, ist es doch ein großer Wunsch. Sie müssen wissen, ich war ja ein sehr junger König, als ich den Thron bestieg, und musste das riesige Reich meines Vaters König David regieren, und das wollte ich auch gut machen.«

»Bei Ihnen, König Salomo, habe ich den Eindruck, dass Ihr Wunsch sozusagen den Lebensnerv oder besser gesagt: den Lebensmuskel Herz getroffen hat. Wie sagten Sie so schön: das Zentrum des bewusst lebenden Menschen.

Manchmal habe ich den Eindruck, dass viele Menschen heute gar nicht mehr bewusst leben. Sie sind Getriebene. Getrieben von maßlosem Konsum und der Sehnsucht nach mehr, nach mehr Glück, mehr Geld, mehr Beziehungen, mehr Macht, mehr Action. Und dabei verlieren sie das Wesentliche, das Herz, d.h. ihr bewusstes Denken und Wollen, vielleicht könnte ich auch sagen: Sinn und Ziel ihres Lebens.«

»Ja, ich glaube, die Gefahr ist sehr groß, sein Herz zu verlieren. Vielleicht brauchen die Menschen heute noch viel dringender ein Herz mit Ohren. Es geht doch darum, das Wesentliche im Leben richtig zu erkennen, zu durchdenken und dann so zu entscheiden, wie es für einen selbst und die Menschen drum herum, für die man verantwortlich ist, gut ist. Und damit ich an diesen ›Herzstücken des Lebens‹ nicht meinen eigenen Trugschlüssen erliege, z.B. meine Macht missbrauche und mein Denken in eine lebens- und menschenfeindliche Richtung geht, möchte ich genau dort ganz Ohr für Gott sein. Gott ist mehr als eine Instanz außerhalb meines Selbst. Das ist ja gerade das Besondere, dass es um eine Beziehung geht. Warum sollte ich mir sonst ein Herz mit Ohren, ein auf Gott hörendes, gehorsames Herz wünschen, wenn da nicht einer wäre, auf den ich hören könnte? Jemand, der das Leben und die Liebe ist, wie es in einem Kinderlied heißt, und der daran interessiert ist, dass mein Leben gelingt, der mich immer wieder aufhorchen lässt zu prüfen, nach welchem ›Takt‹ mein Herz schlägt.«

Wir rühren beide schweigend in unseren Kaffeetassen und schauen auf die Königstraße. »Wer gibt den Takt in meinem Leben an und in dem Leben eines jeden einzelnen Menschleins dort unten?«, denke ich und merke gar nicht, dass mein Gesprächspartner auf einmal verschwunden ist. Zurück bleibt mein Wunsch, dass mein Denken, Tun und Wollen – mein Herz – von Gott durchdrungen sein möge.

Einladung zur Besinnung

In der Geschichte geht es um das alttestamentliche Verständnis des Herzens.[10] In erster Linie ist sie aber zur persönlichen Besinnung gedacht. Sie will dazu einladen, dass ihr euch mit Tagebuch und Stift auf eine Wiese oder sonst an einen schönen ruhigen Ort setzt und beispielsweise anhand der folgenden Fragen über euer Leben nachdenkt:

1. Welchen Wunsch habe ich für mein Leben?
2. Habe ich schon mal Vorsätze (z.B. an Silvester oder an einem Geburtstag) für ein neues Jahr gefasst?
   Was ist daraus geworden?
3. Wer gibt den Takt in meinem Leben an?
   Wo fühle ich mich getrieben?
4. Wie gut höre ich mit meinem Herzen?
   Höre ich bei Entscheidungen, die ich zu treffen habe, auf mein Herz?

2) »Was ich dich immer schon fragen wollte, Maria . . .« (Lukas 2)

Ein Brief an Maria, geschrieben über den Dächern Jerusalems

Meine liebe Maria,

langsam nähert sich die Sonne den Hügeln und bald beginnt eine der schönsten Stunden zwischen Tag und Nacht, zwischen grellem Licht und milder Dunkelheit. Das Blau des Himmels vertieft sich, honigfarbenes Licht fließt auf die Stadt und lässt den bleichen, wuchtigen Stein der Häuser aufleuchten - jeder Stein Gold, das hässlichste Haus plötzlich verzaubert - es wird Abend in der Stadt Jerusalem.

Ob du wohl jemals in deinem Leben Ruhe und Muße hattest, Jerusalem auf diese Weise anzuschauen? In den Erzählungen über dich ist davon nicht die Rede, und mir fallen auch erst mal Sachen ein, die für dich ganz schön stressig gewesen sein müssen: die weiten Reisen, die einfachen Unterkünfte, ganz zu schweigen von den »Unannehmlichkeiten«, die dir Jesus bereitet hat.

Da habe ich es als Touristin fast 2000 Jahre später in vielerlei Hinsicht einfacher, auch darin, dass mir in Jesus der Christus begegnet ist.

Natürlich wusstest du durch die Begegnung mit dem Engel und den Hirten, dass das Kind, das in deinem Bauch heranwuchs und das du in einem armseligen Stall zur Welt brachtest, der Heiland der Welt, der Christus, der Messias sein sollte, der den Frieden bringen würde.

Und doch hast du so viel erlebt, was dagegen gesprochen hat, bis zu seinem Tod am Kreuz, den du erst einmal nur durch die Tränen als Scheitern sehen konntest. Damals hast du dir sicher nicht vorgestellt, dass diese Ereignisse mit deinem Sohn Jesus so weit reichende Folgen haben würden, dass Menschen davon erzählen und es später aufschreiben würden. Und sie hatten dabei immer den Anspruch über das Vordergründige hinaus auf das hinzuweisen, worum es eigentlich geht:

Die Geschichte Gottes mit dieser Welt
und uns Menschen und ihre Versöhnung!

Tja, und nun sitze ich heute in Jerusalem, fast 2000 Jahre später, und denke über dich und deinen Sohn nach und was er mit meinem Leben zu tun hat.

Manchmal geht es mir ähnlich wie dir: Ich bin offen für Jesus und möchte, dass er in mir Raum gewinnt. Dann könnte ich jubelnd in deinen Lobgesang mit einstimmen und alles von Gott erwarten, so wie es bei Lukas im ersten Kapitel erzählt wird.

Auf der anderen Seite gibt es Situationen, da ist alles so anders und vieles muss ich erst in meinem Herzen bewegen, so wie du es gemacht hast, als du z.B. den 12-jährigen »Ausreißer« im Tempel in Jerusalem wieder gefunden oder die Worte der Hirten in Bethlehem gehört hast (Lukas 2).

Übrigens, du würdest Bethlehem heute nicht wiedererkennen. Die Stadt ist reich an Kirchen, Glocken, Souvenirläden und voll von Menschen, die den Ort sehen möchten, wo du Jesus zur Welt gebracht hast. Ob du wohl heute in einem der Hotels unterkommen würdest? Ich bezweifle es.

Ich bin richtig ärgerlich, wie sie mit dir und Jesus Geschäfte machen. Und trotzdem – durch den ganzen Rummel hindurch blitzt ab und zu etwas von deinem Jesus, dem Messias, von Gott auf, und ich begreife: Hier ist Gott selbst zur Welt gekommen, in einer Zeit, in der die Menschen wahrscheinlich nicht weniger geschäftig waren als heute.

Viele haben auf ihn gewartet, aber keiner hat gedacht, dass er so kommen würde, arm und klein, ohnmächtig und in Windeln gewickelt. Das hat jede Gottesvorstellung gesprengt: ein Gott in Windeln!

Lukas hat sich in seinen Erzählungen sehr viel Mühe gegeben, um zu sagen: Der, der hier kommt, ist Gott und Mensch. Er ist einer von uns geworden.

Er ist gekommen, um die zerbrochene Beziehung zu ihm zu heilen, um verwundetes Leben zu verbinden und nach Leben suchende Menschenkinder auf die richtige Spur, nämlich ihn selbst, zu bringen. Und genau das konnte er den Menschen nicht alleine überlassen, da musste er sich selbst voll und ganz einbringen.

Ich persönlich finde es sehr schade, dass es bei uns viele Menschen gibt, die gar nicht bis zu diesem Gedanken vordringen, sondern sich ewig an der Frage aufhalten: »Wie soll das denn zugehen, geboren von einer Jungfrau?« Du hast die Frage auch gestellt, aber du bist nicht dabei stehen geblieben. Am Anfang des Lebens Jesu stand jedenfalls nicht der Mensch als »Macher«, sondern Gott selbst.

Unabhängig davon würde es mich interessieren, wie du diese Geburt beschreiben würdest – schließlich war Lukas ja ein Mann . . .

Meine liebe Maria, dieser Brief ist ziemlich lang geworden. Für Jerusalem ist es noch ein relativ milder Abend und ich genieße es, hier an einem der schönsten Plätze der Stadt zu sitzen, sozusagen über den Dächern Jerusalems, mitten in der Altstadt.

Die Sonne und der goldene Glanz der Stadt sind verschwunden, und das Land ist in Dunkelheit getaucht.

Du hast den Messias zur Welt gebracht – im doppelten Sinne –, so dass die Dunkelheiten dieser Welt nicht mehr dunkel bleiben müssen. Sein Licht ist zum Licht der Welt geworden. Und es scheint inmitten der Trostlosigkeit eines Hirtenlebens und den schrecklichen Kriegsschauplätzen auf dieser Erde, es strahlt durch den Ramsch der Souvenirläden hindurch und erfüllt leere Menschenherzen mit neuem Leben.

Ich wünsche uns Menschen, dass wir unser Leben immer mehr in diesem Licht des Heilandes sehen und dementsprechend leben können.

Alles Liebe und ein herzliches Schalom,

Deine Christel

Annäherungsversuche

Der Brief ist eine persönliche Annäherung an Maria. Ich habe mir vorgestellt, wie ihr Leben gewesen sein mag, habe sozusagen zwischen den Zeilen der biblischen Überlieferung gelesen. Mit dem Brief überspringe ich 2000 Jahre und schaffe eine Brücke zwischen meinem Leben und einer fernen Vergangenheit. Zugleich hilft er mir, manch festgeschriebene Auslegungstradition zu überwinden und meine Fragen und Zweifel im Zusammenhang mit Maria auszudrücken.

Diese Art der Annäherung ist natürlich gegenüber jeder biblischen Person möglich. Schreibt doch mal einen Brief an Paulus und fragt ihn beispielsweise nach der Rolle der Frau in der damaligen Gesellschaft. Wenn man seine Begegnungen mit Lydia, Priscilla oder Phöbe anschaut, gibt er gar keine so schlechte Figur ab . . .

Oder begegnet doch einmal der gekrümmten Frau aus Lukas 13. Was hat sie gedacht, gefühlt, gehofft? Vielleicht hilft sie euch sogar, eigene Verkrümmungen des Lebens zu formulieren.

3) Gott füllt unsere leeren Hände (Lukas 9,10-17)

Besuch von Johanna

Schalom, Friede sei mit euch! Schön, dass ich heute bei euch zu Gast sein darf. Ich bin Johanna und gehörte zum Jüngerkreis Jesu. Das mag manche in Erstaunen versetzen - Frauen, die zum Jüngerkreis Jesu zählten, wo steht das denn in der Bibel? Ich muss zugeben, es ist nicht ganz einfach, etwas von mir in der Bibel zu finden. Wir Frauen spielten in der damaligen Gesellschaft keine große Rolle und so wurden wir auch von den Schreibern der Evangelien »übersehen« - sie waren eben auch »Kinder ihrer Zeit«. Immerhin hat Lukas im achten Kapitel seines Evangeliums (Luk. 8,1-3) kurz von mir und meinem Mann Chuza berichtet, dass wir Jesus finanziell unterstützt haben. Bei Jesus spielten wir Frauen eine ganz andere Rolle. Er hat die damalige niedere Position der Frau innerhalb der Gesellschaft in vielen Begegnungen durchbrochen und uns als

»Töchter Abrahams« ebenso wert geachtet wie die Männer als »Söhne Abrahams«. Doch das soll jetzt nicht das Thema sein.

Ich möchte von einer sehr interessanten Begegnung mit Jesus erzählen, an die mich insbesondere meine Hände erinnern. Hände, was für ein Wunderwerk, was für eine geniale Konstruktion! Und was ich alles damit machen kann: etwas festhalten, loslassen, geben, nehmen, streicheln, fühlen, tasten, schlagen ... Wie vieles ist heute schon durch meine Hände gegangen, was habe ich festgehalten, was konnte ich weitergeben? Immer wieder gefüllte Hände und leere Hände – »Ich habe alle Hände voll zu tun«, sagen wir, nicht selten in einer zufriedenen Geschäftigkeit.

Wir kennen aber auch das unangenehme Gefühl, »mit leeren Händen dazustehen«. Ich sitze am Bett eines schwer erkrankten jungen Menschen und weiß nicht, was ich sagen soll; ich bemerke nur meine »leeren Hände«. Das verunsichert mich, denn ich bin es gewohnt, sozusagen immer etwas in Händen zu halten, das Leben »im Griff« zu haben und nicht »leer dazustehn«. »Hast du was, dann bist du was«, heißt es so schön. Doch manchmal habe ich nichts – nichts zu sagen, nichts zu schenken, nichts darzustellen. Das kann sehr schmerzvoll, aber auch sehr heilsam sein. Manchmal sind leere Hände nötig, um innezuhalten vom täglichen Zupacken, um frei zu sein, Lebenssituationen zu überdenken, um Neues überhaupt ergreifen und begreifen zu können – so, wie an jenem Abend in Galiläa ...

Wir hatten, wie so oft, alle Hände voll zu tun. Als Mitarbeiterinnen und Mitarbeiter Jesu konnten wir ganz gut zupacken, und es war nicht das erste Mal, dass Tausende von Menschen um uns herum waren, die den Geschichten Jesu vom Reich Gottes zuhörten und Krankenheilungen erlebten. So lag es nun auf der Hand, einen so gelungenen Tag zu einem guten Abschluss zu bringen, und wir machten Jesus folgenden Vorschlag: »Meister, es ist schon spät geworden. Denke daran, dass die Menschen rechtzeitig in ihre Dörfer gehen müssen, damit sie sich noch etwas zu essen kaufen können, hier gibt es nichts, wir sind mitten in der Wüste.« Eigentlich eine ganz sinnvolle Überlegung, finde ich. Doch dann durchkreuzte eine ganz unerwartete Aufforderung Jesu unsere gesammelten Organisationserfahrungen.

»Gebt ihr ihnen zu essen«, sagte er. »Gebt ihr ihnen zu essen!« Wir standen wie angewurzelt da und schauten auf unsere leeren Hände. Wir sollten den Menschen zu essen geben, hatte Jesus gesagt – ein ungeheuerlicher Gedanke! Das Einzige, was wir hatten, waren fünf Brote und zwei Fische. Das hätte gerade mal für uns gereicht. In unseren Köpfen arbeitete es auf Hochtouren. »Sollen wir denn in die Dörfer gehen und Essen kaufen?«, fragten wir Jesus. Doch als wir diesen Gedanken ausgesprochen hatten, erschien uns das auch nicht als gute Lösung. Für 5000 Leute am Abend Essen besorgen – das wäre selbst im Zeitalter der Supermärkte nicht ganz so einfach. »Gebt ihr ihnen zu essen.« Wir überlegten und überlegten, doch schließlich standen wir mit leeren Köpfen und leeren Händen vor Jesus. Wir waren mit unserer Weisheit am Ende!

Jesus ließ uns nicht mit leeren Händen stehen. Aber er füllte sie ganz anders, als ich erwartet hatte. Hatte ich überhaupt etwas anderes erwartet als das, was ich immer schon kannte und konnte: organisieren, planen, zupacken – nach bewährtem Schema? War ich überhaupt noch offen für Neues in meinem Leben?

Manchmal habe ich den Eindruck, dass wir uns zwar wundern, dass sich in unserem Leben nichts verändert – aber sind wir denn offen für Veränderung?

Das Leben in den unterschiedlichsten Beziehungen verkümmert oder erlischt, wenn ich vom anderen nichts Neues mehr erwarte, wenn ich ihn in seinem Tun und Denken festgelegt habe, wenn ich nur noch im Gewohnten lebe und denke und mich nicht stören lassen will – sei es in einer Freundschaft, Partnerschaft, Ehe oder einem Mitarbeiterkreis. Was erwarte ich von meinem Leben? Rechne ich damit, dass Gott meine Hände vielleicht mit etwas ganz anderem füllen möchte, was meinen gewohnten Denkhorizont sprengt? Vielen mag es vielleicht verrückt erscheinen – und ein bisschen ist es das auch –, was Gott uns manchmal in unsere Hände legt. Bei uns waren es fünf Brote und zwei Fische, »Arbeitsmaterial«, das angesichts der 5000 Leute erst einmal unsinnig erschien. Aber Jesus nahm Brote und Fische, dankte Gott, teilte sie, gab sie uns, und wir verteilten alles unter die Menschen. Alle wurden satt. Unglaublich. Ebenso unglaublich ist die Geschichte von David und Goliat: Davids Steinschleuder wirkte im Vergleich zu Goliats Waffenrüstung wie ein Spielzeug. Oder die Sache mit Gideon: Er gewann seine Schlacht mit Tonkrügen und Fackeln - eine undenkbare Kriegsführung gegen ein Heer, das bis an die Zähne bewaffnet war.

Gott hat manchmal sehr ausgefallene Ideen, leere Hände zu füllen. Vielleicht hat er bei euch eine Gitarre, einen Ball und eine Kiste Mohrenköpfe hineingelegt, damit ihr zusammen mit anderen auf einem Spielplatz oder auf der Straße eines kinderreichen Wohngebietes das Spielen neu entdecken könnt. Keine Chance, meint ihr, wenn ihr an die kleinen Stubenhocker und die übersättigten Fernsehkonsumenten denkt? Probiert es einfach aus, ihr werde euch wundern!

Die Speisung des Mitarbeiterkreises Neviges

Die Erzählung von der Speisung der 5000 aus der Sicht der Johanna ist für einen Mitarbeiterkreis geschrieben. Es wäre schön, wenn Johanna in einem Erzählgewand auftreten und frei erzählen könnte. Zum anschließenden gemeinsamen Abendessen mit Brot und geräuchertem Fisch ist Johanna natürlich auch eingeladen.

Folgende Fragen könnten in einer abschließenden Gesprächsrunde angesprochen werden:

1. In welcher Situation habe ich schon mal das Gefühl der »leeren Hände« erlebt? Wurden sie denn gefüllt?
2. Bin ich offen für neue Wege in meiner Arbeit in der Kindergruppe/Gemeinde, aber auch in meinem sonstigen Leben?

4) »Gott, ich danke dir . . .« (Psalm 139,14)

Loblied eines Löwenzahns

Jedes Jahr im Frühsommer springen Hobbygärtner mit langen Messern durch ihren Garten, um einem hartnäckigen »Unkraut« den Garaus zu machen. Ohne Erfolg: Im nächsten Jahr sind sie stets wieder da, die kleinen Sonnen und quirligen Flieger, und erfreuen so manches Menschenherz.

Wenn ihr euch mal in eine Wiese legt und mit euren Ohren ganz nah an einige Pusteblumen kommt, dann werdet ihr vielleicht hören, wie diese Blumen Gott danken . . .

Das Leben ist voller Spannung.
Es geht auf wie eine Knospe.
Jede Knospe gibt eine neue,
einmalige Blüte.
Jeder Augenblick ist eine Knospe.

Das ganze Leben immer neu,
spannend, voller Zukunft.
Bin ich bereit,
mich zu öffnen,
mich von Gott verwandeln zu lassen,
so wie der Löwenzahn?

Ich danke dir, mein Gott,
dass ich wunderbar gemacht bin,
wunderbar sind deine Werke.
Löwenzahn heiße ich.
Ich danke dir, dass ich nicht
namenlos bin.

Es macht mir nichts aus,
dass ich nur selten
in Blumensträußen stecke.
Ich weiß um meine Grenzen.

Ich werde nie den Duft der Rosen
verbreiten und nie so schön sein
wie die Lilien auf dem Felde.
Meine Blüte leuchtet wie die Sonne.
Ich danke dir, Herr, dass ich
Farbe in diese Welt bringe.

Bienen und Schmetterlinge
holen sich bei mir Nahrung.
Meine Blätter sind ein Genuss
für Hasen und Kaninchen.
Ich danke dir, Herr,
dass ich anderen Nahrung sein kann.

Aber ich kann nicht nur Hunger stillen,
sondern auch heil machen.
Apotheker und Ärzte haben in mir
heilende Kräfte entdeckt,
ich kann quälenden Husten lindern.
Ich danke dir, Herr,
dass ich anderen helfen kann.

Meine Wurzeln gehen
tief in die Erde.
Man kann mich nur
schwer ausreißen.
Ich danke dir, Herr,
dass ich tief verwurzelt bin
und standhalten kann.

Aber ich kann auch loslassen:
meine Farbe und meine Gestalt.
Ich sträube mich nicht dagegen,
zu verblühen
und mich zu verändern.

Ich kann warten
und etwas an mir geschehen lassen.
Verwandelt werden gehört zum Leben.
Ich danke dir, mein Gott,
dass ich in aller Veränderung
bei dir aufgehoben bin.

Welch ein Wunder!
Kinder nennen mich liebevoll
Pusteblume!

Jede Pusteblume ist eine
geniale Konstruktion,
voller Sinn und
ausgezeichnetem Design.
Ich danke dir, mein Gott,
dass Leben so vielfältig ist.

Ob die Menschen wohl auch
die Vielfalt des Lebens sehen lernen?

Ob sie entdecken,
dass ich ein Bild für Leben,
Lebenszeiten und
Wandel sein kann?

Ob sie erfahren,
dass sie selbst so ein wunderbares
Geschöpf Gottes sind,
nicht namenlos,
sondern von Gott wert geachtet?

Ob sie wissen,
dass sie Nahrung und Hilfe
durch gute Worte und sinnvolle Taten
für andere sein können?

Leben als gegenseitige Gehilfenschaft.
Ich staune über Gott,
der eine Vielzahl von
Lebensmöglichkeiten eröffnet.

Ich bin bereit
mich dem Wind entgegenzustrecken
und meine vielen kleinen
Fallschirme loszuschicken.

Jeder Fallschirm trägt ein Samenkorn,
bereit in die Erde zu fallen
und zu sterben,
um dann Frucht zu bringen.

Ist nun alles verloren?
Ein Löwenzahn fragt nicht so.

All das gehört zu seinem Leben:
aufgehen,
wachsen,
verwandelt werden,
blühen und verblühen,
werden und vergehen.

Und die Menschenkinder?
Wer hilft ihnen
das Leben in seinen
unterschiedlichen Zeiten
anzunehmen?
Wer nimmt ihnen die Angst
loszulassen,
was doch nicht festzuhalten ist?

Ich staune über Gott,
dem Tausende von Löwenzahn
Lob leuchten,
der das Geringe nicht verachtet
und das Zarte liebt.

Ich staune über Gott,
dessen Pusteblumen-Fallschirmchen
Leben und Farbe
auf die ausgedörrten Wege
und in die farblosen Betonwüsten
dieser Welt bringen.

Ich lobe Gott,
der mir in Jesus so nahe kommt,
der mit meinem Leben
etwas zu tun haben will.

Ich lobe Gott,
der mich einlädt,
mich zu öffnen,
ihm zu vertrauen,
dass sich mein Leben
so entfalten kann,
wie er es sich gedacht hat:

Ein Leben mit
Licht und Finsternis,
Blühen und Verblühen,
Werden und Vergehen,
Leben und Tod.

Ich lobe Gott,
der mir in allen
Lebenszeiten nahe ist
und mir durch Jesus
Zukunft und
Hoffnung gibt.

Dia-Meditation über den Lebens-Wandel einer Pusteblume

Unser Leben wandelt sich unaufhörlich. Wieder und wieder kommen wir in Situationen, wo wir loslassen müssen. Beides - Wandel und Loslassen - verkörpert der Löwenzahn auf eine besonders schöne Weise.

Die Meditation über den Löwenzahn, über Werden und Vergehen, über Staunen und Danken, eignet sich beispielsweise als Abendausklang eines Mitarbeiterkreises oder im Rahmen einer Freizeit.

Ihr könnt sie als eine schöne Dia-Meditation gestalten, wenn ihr einige Bilder der Diaserie »Sinn des Lebens« verwendet. Diese Diaserie, die im Impuls-Studio-Verlag[11] erschienen ist, enthält eindrucksvolle Aufnahmen einzelner Lebensphasen des Löwenzahns.

Natürlich können die Fotografinnen unter euch den Lebens-Wandel einer Löwenzahnblume auch selbst in Dias festhalten.

Anmerkungen

[1] Nach R. Krenzer/P. Janssens, Quelle unbekannt, mündlich überliefert.
[2] Aus: Heidi und Jörg Zink, Gebete für Kinder, S. 56.
[3] Aus dem Jungscharleiter 4/1985.
[4] Unser Kinderliederbuch, 6. erw. Auflage 1997, Oncken Verlag Wuppertal und Kassel, Nr. 307.
[5] Aus: Heidi und Jörg Zink, Gebete für Kinder, S. 68-72.
[6] Aus: Lea Fleischmann, Dies ist nicht mein Land, S. 9f.
[7] Aus: Wolfgang Vorländer, Befreit leben und dienen, S. 10.
[8] Diese »Liedersammlung für Israelfreunde« und die Kassette dazu sind im Hänssler-Verlag erschienen, siehe Literaturliste.
[9] Nach einem Vorlesetext aus: Christoph Goldmann, Kinder entdecken Gott mit Marc Chagall, S. 70ff, in: Arnoldshainer Texte - Band 41, S. 51-53.
[10] Vgl. Hans Walter Wolff, Anthropologie des Alten Testaments, S. 77-87.
[11] Die Diaserie kann im Impuls-Studio-Verlag, Ottweiler Str. 3, 81737 München bestellt oder bei den Kreisbildstellen der Kirchen ausgeliehen werden.

Literatur und Medien

Die Bibel, nach der Übersetzung Martin Luthers, revidierte Fassung von 1984, Stuttgart 1985

Fleischmann, Lea, Dies ist nicht mein Land. Eine Jüdin verlässt die Bundesrepublik, Hoffmann und Campe Verlag, Hamburg 1980, 5. Auflage 1983

Jungscharlieder, Hrsg. CVJM Gesamtverband in Deutschland e.V., mundorgelverlag gmbh Köln/Waldbröl, 1991

Licharz/Wilke (Hrsg.), Juden und Christen. Informationen und Unterrichtsangebote für den Religionsunterricht, Arnoldshainer Texte - Band 41, Haag + Herchen Verlag GmbH, Frankfurt 1986

Shiru L'adonai, Liedersammlung für Isarelfreunde, Hänssler-Verlag, Neuhausen-Stuttgart, 1980

Unser Kinderliederbuch, Oncken Verlag Wuppertal und Kassel, 6. erw. Auflage 1997

Vorländer, Wolfgang, Befreit leben und dienen, Kasseler Hefte F 42, Hrsg. CVJM Gesamtverband in Deutschland e.V., Kassel 1991

Wolff, Hans Walter, Anthropologie des Alten Testaments, Chr. Kaiser Verlag, München 1973, 3. Auflage 1977

Wolff, Hans Walter, Die Stunde des Amos. Prophetie und Protest, Chr. Kaiser Verlag, München 1969, 4. Auflage 1979

Zink, Heidi und Jörg, Gebete für Kinder, Zürich 1985, Kreuz-Verlag Stuttgart, 4. Auflage 1988

MC: Paulus-Oratorium, Siegfried Fietz/Johannes Jourdan, Verlag Schulte + Gerth

Dia-Serie: Sinn des Lebens, Impuls-Studio-Verlag, München